Bianca Jankovska schreibt ins Internet, seit es Beepworld gibt. Inzwischen hauptberuflich auf @groschenphilosophin über Bürostuhlterror und Popkultur. Hin und wieder unterrichtet sie auch an wichtigen Instituten, die schlecht zahlen, und spricht im Podcast *Tired Women* mit anderen Frauen über Probleme.

Zuvor studierte sie Politikwissenschaft und Publizistik an der Universität Wien und Antwerpen, bevor sie in gegenseitigem Einvernehmen an einer klassischen Journalismus-Karriere scheiterte.

Julia Feller studierte Kommunikationsdesign, Kunstgeschichte sowie Deutsche Sprache und Literatur – und brach diese erfolgreich ab. Als treue Anhängerin der Generation Y arbeitet sie seitdem in prekären Arbeitsverhältnissen und streitet sich freiberuflich mit Redakteur*innen um die finanzielle Vergütung ihrer Illustrationen. Zu sehen sind ihre Arbeiten in Magazinen, dem Internet und in den Wohnzimmern stilbewusster Privatleute.

Dear Girlboss, we are done

BIANCA JANKOVSKA & JULIA FELLER

Text: Bianca Jankovska
Illustration, Buchgestaltung: Julia Feller

Lektorat: Sophie Gruber/ buecherphie.com

Bibliografische Information der Deutschen Nationalbibliothek;
Die Deutsche Nationalbibliothek verzeichnet diese Publikation
in der Deutschen Nationalbibliografie; detaillierte bibliografische Daten sind im Internet über http://dnb.d-nb.de abrufbar.

ISBN: 978-3-7519-2156-5

Herstellung und Verlag:
BoD - Books on Demand, Norderstedt

Titel auch als E-Book erhältlich

Besuch' uns im Internet:

groschenphilosophin.at
juliafellerillustration.de

Für alle,
die gerade ihr „The Future is Female“-Shirt entsorgt haben.

*Ich habe immer die Bereitschaft des Feminismus
geliebt, wütend in das Fleisch der Frauenfeindlichkeit
zu beißen, trotzig das Kinn zu recken [...]. Aber er
muss ein Gesamtpaket sein [...]. Er hat versagt, wenn
er als unbewusst exklusive Bewegung daherkommt,
die nicht selbstbewusst genug ist zu erkennen, wo ihre
Mitglieder vom derzeitigen System profitieren.*

*An dem Punkt, an dem der Feminismus eine
friedliche weiße Bewegung geworden ist, die
behauptet, alle Frauen zu vertreten, [...] müssen wir
darüber nachdenken, ob es nicht besser wäre,
von vorne anzufangen.*

Reni Eddo-Lodge

Inhalt

As many of you know, I identify myself as vegan - yet I do make exceptions on birthdays, sundays and of course holidays since I wanna enjoy traditional food and authentic cuisine just as much as everyone else does.

Don't judge me!

Polemisches Vorwort, das niemanden angreifen möchte, wirklich nicht

Weißt du noch, Julia, als Instagram keine Visitenkarte und kein eso-geschwängertes Auffangbecken für Menschen mit chronischem Aufmerk-samkeitsdefizit war, sondern eine Quelle der anspruchsvollen Inspiration? Kannst du dich noch an die Zeit erinnern, als wir begeistert vor unseren Smartphones klebten und auf der Suche nach authentisch bebilderten Pe-riodenkrämpfen neues Selbstbewusstsein entdeckten? Ich auch nicht.

Manchmal vermisse ich die Ära zwischen 2012 und 2017, in der es als berufsgefährdend galt, an einem Tag literarische Snippets über seine De-pressionen und am nächsten über die perfekte Anordnung von Sitzkissen zu posten. *Hach.* Die Zeiten der strategielosen Selbstdarstellung sind vor-bei. Inzwischen haben die *Frauen of Instagram* alles auch nur *ansatzweise* Authentische tausendfach in ihren Schlafzimmern reproduziert und für kommerzielle Zwecke und Medienformate verwendet.

60-Kilo-Frauen, die ihre Mini-Speckröllchen quetschen und dabei in ausufernden Captions von bedingungsloser Selbstliebe faseln. Ihre ökologisch abbaubaren Smartphonecover live bemalen. Deckenhohe Bücherregale mit *grammable* Ratgeberliteratur ausgestattet haben. Natür-lich brav sortiert nach Farben.

Weiße Frauen, die sich leidenschaftlich dafür einsetzen, dass andere *weiße* Frauen auf Podien sitzen und mit Glitzer dekorierte Unterhosen als *Statement* ins Museum hängen. Stolz verkünden, dass sie sogar mit (!) Zahnlücke schön sind und trotz Beinrasur Feministin. Ihr aufs Wesent-liche komprimiertes Innerstes in kleinen, gut konsumierbaren Häppchen nach außen kehren, um kurzfristig vom Algorithmus für die Selbstoffen-barung belohnt zu werden.

Frauen, die ganz langsam und unschuldig damit anfingen, sich selbst zu verkaufen. Erst für Detox-Tee warben, den sie in selbstgetöpferten

9

Keramiktassen auf weißen Hay-Möbeln servierten, und später für ein ganzes Lebensgefühl. Einen *Way of Living*, der über geschickt inszenierte Produktplatzierungen hinausging.

Die *Frauen of Instagram* haben die Wahl, wird ihnen gesagt. Sie sind schließlich selbstbestimmt und feministisch oben drauf. Sie *embracen* den *Boss-Hustle* und können sich wie bei den Sims einen Karriereweg zwischen Beauty, Fashion, Travel, Backen, Betrügerin oder Guru aussuchen. Sie sind dabei immer das, was gerade am besten funktioniert. In einem Jahr digitale Nomadin und im nächsten Down-to-Earth-Mamabloggerin – nichts ist unmöglich in Zeiten der kreativen, persönlichen und beruflichen Weiterentwicklung. Surfwear! Upcycling! Yoga-Retreats in Portugal am Meer! Autos mit integrierter Campingfunktion und Dachzelten. Schnittblumen *on demand*. *Contouring*. *Mentoring*.

Just a girl who decided to go for it und sich dann verläuft. Bis zum finalen Weckruf sind zu viele Belfies und unbeholfene Surfversuche gepostet worden, um „Stopp" zu rufen. Wohin auch zurückkehren, wenn alles, was frau hat, eine sorgfältig kuratierte *Personal Brand* in diesem Internet ist?

Das Abbild ihres Selbst, das die *Frauen of Instagram* geschaffen haben, ist konzentriertes Marktpotenzial und kalkulierte Interessenbefriedigung – wenn auch nicht immer die der eigenen. Den *Stream of Revenue* gilt es jetzt aufrechtzuerhalten. Egal, ob es hinter der Fassade bröckelt, das Fitnessmodel 20 Kilo zugelegt oder keine Lust mehr auf gekünstelte *Follow-me-arounds* für eine Horde geiziger Anhänger*innen hat.

Glaubst du, Julia, werden uns die Kritiker*innen hinterher Frauenhass vorwerfen? Betonen, dass es doch auch „tolle Frauen da draußen" gibt? Sagen, dass wir doch nur neidisch seien und eben härter an unserem *Mindset* arbeiten müssen? Dass die *Frauen of Instagram* doch auch nichts dafür können, wie sie Geld verdienen? Dass sie erfolgreicher sind als wir? Oder werden die angehenden 1-Stern-Rezensent*innen erkennen, dass das, was sie am Feminismus so sehr lieben, ihre eigenen, unantastbaren Privilegien sind?

Was werden wir denken, Julia. 2040, wenn die Erde kurz vor ihrer Kapitulation steht? Dass wir uns in überteuerten Onlinekursen haben erklären lassen, was uns zum sechsstelligen Business fehlt? Dass wir begeistert zugesehen haben, wie andere #zerowaste Urlaub machen? Was werden wir uns vorwerfen müssen? Dass wir nichts *getan* haben? Dass wir nichts *gesagt* haben. Nein.

11

Can you believe oranges actually grow on trees? Blown away by **Mother Nature** again!

Call me *Girl-Lawyer*

Ich hatte selten ein so liebloses Zimmer wie jenes meiner Mitbewohnerin Margo gesehen. Keine Poster. Keine Fotos. Lediglich die Löcher abgerissener Regale zierten die gelblich-weißen Wände wie eine sibirische Kraterlandschaft und riefen bei mir stets den Drang hervor, sie so bald als möglich zuzuspachteln.

Margo war vier Jahre und zwei Monate älter als ich, und damit 27, als wir uns kennenlernten. Statt ihre getragene Kleidung auf die riesige, rollbare Stange zu hängen, warf sie diese abends nach ihrer Schicht im Waffel-Laden auf einen sich immer höher türmenden Haufen. Wenn sie nicht gerade dort arbeitete, schlief Margo auf einer fleckigen Matratze ohne Leintuch und träumte von einer Karriere in der Fashion-Industrie.

Sie hatte Mode-Design in Warschau studiert und sogar ein paar Monate in New York gelebt, während ich gerade zum ersten Mal in meinem Leben ein halbes Jahr fernab von Wien in Antwerpen verbringen sollte. Einer belgischen Kulturstadt, zwei Stunden von Amsterdam entfernt, in der viele junge Designer*innen erfolglos versuchen, ein Praktikum bei Dries Van Noten oder Ann Demeulemeester zu bekommen, und stattdessen in der Gastronomie landen.

Ich verbrachte die grauen Novembertage mit wissenschaftlichen Arbeiten über Hochkultur, Tagestrips nach Brüssel und Vintage-Shopping bei „Think Twice". Einem Laden, in dem so gut wie immer Sale war.

Anders als ich, war Margo bereits mit dem Ernst des Erwerbslebens konfrontiert worden. Sie hatte ihr eigenes Label gegründet und war guter Dinge, mit ihrer neuen Kollektion einen internationalen Hit zu landen. Margo skizzierte gerade einen Bikini-Entwurf, als ich bei einem meiner unangekündigten Zimmerbesuche auf das Buch „Girlboss" stieß, das mit deutlichen Gebrauchsspuren auf ihrem Schreibtisch lag. Vom Cover blickte mir Sophia Amoruso mit *fiercem* Blick und schwarzem Kleid entgegen. Ich hatte sie noch nie zuvor gesehen.

„Amoruso", so erzählte mir Margo, „ist eine einzige, verdammte Erfolgsgeschichte." Sie kam „aus dem Nichts", ohne konkrete Pläne für ihr Leben und baute sich in wenigen Jahren ihr eigenes Nasty-Gal-Imperium auf. Das Business-Konzept: Klamotten aus dem Container um das Zehnfache auf eBay zu verkaufen. An Frauen, die keine Zeit haben, in Caritas-Boxen nach ausrangierten Chanel Jacken zu wühlen. Zum Beispiel. Margo drückte mir das Buch in die Hand – und ich? Begann sofort, es zu lesen.

> *I hate the concept of luck, especially when people try to apply it to me. Yes, it's true: Hundreds of thousands of businesses fail. Mine suceeded. Was that all just because I ‚got lucky'? I don't really think so.*

Sophia Amoruso in Girlboss

Amoruso hatte Biss. Sie war laut, sie war potent, sie war präsent. Sie hatte keine Angst, aufzufallen. Eine Frau ihrer Zeit, ganz wie Wissenschafter Carl Cederström sie sich vorstellte, als er das Kapitel „The Woman of Now" schrieb: „Sie ist die *Sex and the City*-Feministin, die sich ihrer Konzentration auf die Karriere nicht schämt. Sie arbeitet sich die Karriereleiter hoch, sie hat eine Laufmasche in ihren Strümpfen. Sie kann nicht warten. Sie hat keine *Zeit,* zu warten. Sie setzt ihr erotisches Kapital ein, sagt aber auch nicht Nein zu einem saftigen Kuchen. Sie nimmt zu, sie nimmt ab. Sie trägt einen Rock. Sie trägt Hosen. Sie trägt Stöckelschuhe, sie trägt sie ab. Wie der Mann von heute ist sie immer verbunden. Sie textet, tippt, schreibt LOL und OMG.

Aber am wichtigsten: sie verbirgt nichts vor der Welt. ‚Ich internalisiere nicht', erklärt sie, ‚ich spreche alles aus.'"

So ein *busy* Dasein kann auf junge Frauen natürlich inspirierend wirken. Schließlich ist es auch heute noch nicht so, dass Frauen in männerdominierten Branchen mit Handkuss in die Chefetagen gehoben werden.

Aber Amoruso reproduzierte meiner Meinung nach auch einen gravierenden Denkfehler. Sie ist, oder *war* zumindest lange Zeit davon überzeugt, dass es einzig und alleine ihrem Ehrgeiz, ihrem Genie, ihrer Selbstdisziplin und der grandiosen Idee zu verdanken war – und *keinesfalls* dem Trend der Zeit –, dass ihre selbstkreierte Marke ein großer Erfolg wurde.

„Kapital hat, wer Kapital erbt. Das ist seit dem 19. Jahrhundert die Regel, alles andere sind Ausnahmen" schreibt die linke Politikerin und promovierte Volkswirtin Sahra Wagenknecht in „Reichtum ohne Gier". „Natürlich gab und gibt es sie, die ersten Rockefellers und Fords, die Jobs, Gates, Bezos und Zuckerbergs oder auch die deutschen Albrechts. Beispiele für solche Karrieren gibt es allerdings nahezu nie in etablierten, sondern immer nur in neu entstehenden Märkten, in denen Unternehmen tatsächlich mit wenig Kapital anfangen und blitzschnell wachsen können, und sie sind sehr viel seltener, als all die schönen Geschichten von Self-Made-Milliardären uns weismachen wollen."

Unter uns: Das Letzte, was ich 2020 gründen würde – abgesehen von einer unabhängigen Tageszeitung – wäre ein Online-Fashion-Store. Als Amoruso ihre Idee 2007 umsetzte, sah der Markt für Hipster-Bekleidung allerdings noch etwas anders aus. Kleiderkreisel (Gründung: 2012) gab es genauso wenig wie Man Repeller (2010), Zalando (2008) oder funktionierende *Shared Economies*. Geschätztes Vermögen von Amoruso: zeitweise 280 Millionen Dollar. Der klassische Tropus vom „richtigen" Sein am „richtigen" Ort. Und ja, das hat eben *auch* etwas mit Glück zu tun.

Bevor mir jetzt die ersten augenrollend Misogynie vorwerfen: Natürlich bin ich *dafür,* dass Frauen* unabhängig sind. Ihre eigenen Start-Ups gründen, Mitarbeiter*innen anstellen, Investor*innen an Land ziehen und überteuerte Objekte auf weißen Sockeln in ihren neuen Office-Räumlichkeiten platzieren. *Why the hell not.* Mein Problem liegt vielmehr darin, wie intransparent das moderne Unternehmerinnentum à la Amoruso retrospektiv dargestellt und glorifiziert wird. Dass aus jedem einmaligen *Success* sofort ein *Best-Practice-Case* mit unwahrscheinlichem Wiederholungseffekt entsteht, den es crossmedial und global zu vermarkten gilt.

Meine Mitbewohnerin Margo sah in Amoruso ein Vorbild. Sie schnitt sich dieselben, kurzen Bangs und kleidete sich in der für „Nasty Gal" so charakteristischen zwanglosen und dennoch stilsicheren *Badass*-Attitüde. Oft erzählte mir Margo, dass sie keine Ahnung hatte, wie sie die Miete bezahlen sollte. Aber wenn es eine Amoruso schaffen konnte, das Beste aus ihrem Leben zu machen, dann konnte sie doch gar nicht scheitern. Oder?

In ihren Memoiren tut Amoruso so, als ob sie früher dumm gewesen wäre. Damals, als sie „den Kapitalismus" noch abgelehnt hat. Damals, als sie noch rebellisch und idealistisch war. Ach, damals, hätte sie damals bloß gewusst, dass Geld nicht böse ist, dann hätte sie gleich ihren Job bei Subway gekündigt, statt weiter Mayo in den Thunfisch zu massieren. Es ist so *einfach*! *Girlpower*!

> *I entered adulthood believing that capitalism was a scam, but I've instead found that it's a kind of alchemy. You combine hard work, creativity, and self-determination, and things start to happen.*

> Sophia Amoruso in Girlboss

Ja, *genau.* „Wer den Mythos einer Fleiß und Anstrengung belohnenden Wirtschaftsordnung immer noch verteidigen will", schreibt Wagenknecht, „muss die Theorien vertreten, Kapital sei nichts anderes als das Ergebnis fleißiger Arbeit und eines enthaltsamen Lebens. Wer viel schafft und viel spart, so die Erzählung, hat irgendwann auch so viel Vermögen wie die inzwischen verstorbenen Aldi-Brüder oder Bill Gates. Das Ganze ist natürlich so realistisch, dass es in Grimms Märchenbuch einen Ehrenplatz gleich neben dem Aschenputtel verdient hätte."

Inzwischen wissen wir, was mit Amorusos Firma und den dort vertriebenen Klamotten passiert ist. Mit dem enormen Wachstum sank die Profitabilität. Am Ende gelang es Amoruso auch mit viel *Self-Determination* nicht, die nötige Liquidität für das Unternehmen „Nasty Gal" sicherzustellen. 2016 meldete das Unternehmen Insolvenz an, Amoruso trat als Vorstandsvorsitzende zurück. Also doch nicht so super, dieses scheinbar endlose Wachstum?

Käuferinnen meldeten, dass die Kleidung teilweise mangelhafte Qualität aufwies und überteuert war. Außerdem beschwerten sich Arbeitnehmer*innen anonym über die schlechten Arbeitsbedingungen unter Amorusos Herrschaft: Dazu zählten unqualifizierte Führung, schlechte Top-Down-Kommunikation, Überarbeitung und mangelnde Organisation.

„This place is filled with nothing but tension, anxiety, and morose faces", schreibt ein*e Ex-Mitarbeiter*in später öffentlich auf der Arbeitgeber-Bewertungsplattform „Glassdoor". „If a friend, or even an acquaintance asked me whether to apply for a job here, I would tell them to burn their application and run the other direction."

Andere beschrieben die Atmosphäre bei „Nasty Gal" so: „No employee appreciation. Unless you are one of the selected few that is close to the CEO or close to the friends of the CEO […]. Salaries are way below market value. Human resources is controlled by management and doesn't really listen to employees or care about them."

#Girlboss steht historisch betrachtet also *ganz und gar nicht* für empathische Führung oder *Female Empowerment*, sondern

17

SORRY,

I can't join the demonstration today. I'm organizing a performance where we do yoga together and use selfie sticks to take photos of ourselves from loads of different positions while looking completely

normative

für: Korruption, Freunderlwirtschaft, Ausbeutung, Profit auf Kosten anderer, Verantwortungslosigkeit und Prahlerei. Kurz: Kapitalismus in seiner Reinform.

Frauen wie Amoruso scheint es letztlich selten um die ausführenden Angestellten, die Praktikant*innen oder freien Mitarbeiter*innen zu gehen, die sich die künstlich überteuerten Produkte nicht einmal leisten können.

Es geht ihnen nicht um die Qualität des Produkts oder darum, die vorhandene Macht gerechter unter allen Frauen zu verteilen. Auch unter den nicht-*weißen*, nicht-binären, mittellosen und behinderten Frauen, zum Beispiel. In der *#Girlboss*-Rhetorik wird reich mit stark gleichgesetzt. Und die Schwachen und Ärmeren, das sind dann die von Natur aus weniger Talentierten oder auch die, die einfach keine Lust haben, sich anzustrengen.

Frauen wie Amoruso geht es um die gute *Story*, zu der sie selbst geworden sind. Oder wie die britische Autorin Reni Eddo-Lodge schreibt: „Wenn sie über Gleichberechtigung und Gleichbehandlung sprechen, meinen es *weiße* Feministinnen wirklich ernst. Sie können geistreich, witzig und kenntnisreich sein, wenn es um Reproduktionsrechte, Belästigung auf der Straße, sexuelle Gewalt, Schönheitsideale, Körperbilder und die Repräsentanz von Frauen in den Medien geht. Das sind Themen, für die sich viele Frauen engagieren." Mit Rassismus- oder Kapitalismuskritik ist es noch nicht ganz so weit her.

Nur weil Sophia Amoruso „es" als *weiße*, kinderlose Cis-Heterofrau für einige Zeit mit diskutablen Mitteln und VC-Kapital an die Spitze geschafft hatte (erinnert sich jemand an die gleichnamige Netflix-Serie und das rücksichtslose Verhalten der Hauptdarstellerin?), heißt das noch lange nicht, dass andere diesen Erfolg mühelos nachahmen können – oder nachahmen *sollten*.

Ich selbst bin der beste Beweis. Denn Margo und mein jämmerlicher Versuch, 2014 Vintage-Klamotten aus dem Second-

19

Hand-Store unter dem Namen „No Labour Clothing" (LOL) mit selbstgeschossenen Fotos um das Dreifache auf eBay zu verkaufen, hat natürlich trotz Insta-Account ganz und gar nicht funktioniert. Vom logistischen Aufwand und der stundenlangen Fotografiererei ganz abgesehen. Dabei haben wir so *sehr* an uns geglaubt!

Scrolle ich heute durch den Hashtag #Girlboss auf Instagram, scheint es für *weiße* Cis-Frauen nur eine Möglichkeit zu geben, die Illusion der hartarbeitenden Online-Unternehmerin aufrechtzuerhalten: freundlich lächelnd mit einer gebrandeten Kaffeetasse in der Hand. Fast so, als könnte die hochkonzentrierte, gutfrisierte Frau so am Horizont schon ihre nächste Business-Idee spotten.

Jahr für Jahr fallen Millionen von Menschen auf memoirenhafte Ratgeber-Bücher wie Amorusos rein, die nach dem immer gleichen Prinzip funktionieren: Arbeite hart und du wirst erfolgreich sein. Die Sprüche, die auf den *#Girlboss*-Profilen wie „Woman CEO Mindset" (!) kursieren, klingen dann so oder so ähnlich:

> *„Either you don't want change bad enough, you don't believe in yourself or you're simply lazy."*
> *„You are the CEO of your life. Hire, fire and promote accordingly."*
> *„Of course I struggle, I just don't quit."*
> *„Affirm: My income will double this month."*

Ob die Verfasserinnen nun andere oder sich selbst für ihren persönlichen Profit ausbeuten (oder wie soll dieses magische, doppelte Einkommen „einfach so" passieren?), konnte an dieser Stelle leider nicht überprüft werden. Sicher ist nur: Wenn Frauen an der Spitze ausbeuterische Strukturen zulassen und sich mit einstigen politischen Feind*innen verbünden, nur, um endlich selbst zu profitieren, dann ist das zwar ökonomisch für die Frau als solches zu begrüßen, ansonsten allerdings scheinheilig.

Vielleicht ist die Vorgesetzte gar kein kooperativer, unterstützender *#Girlboss*, der bereit ist, schwierige Gespräche zu führen?

Die Frage, die an dieser Stelle oft kommt, ist folgende: *Muss* eine Frau das sein, solange mittelmäßige Business-Männer ebenso skrupellos handeln? Ich finde: Ja. Als Feminist*innen *müssen* wir konsequenter sein, als das Line-Up des G20-Gipfels. Aber vielleicht liegt hier ja das Missverständnis begraben: *#Girlboss* ungleich Feminismus. Auch, wenn es oftmals nach außen so aussieht.

Fünf Jahre nach meinem Erasmus-Semester kann ich bei Hashtags wie *#Girlboss*, *#Fempreneur* oder *#Shepreneur* nur noch schmunzeln und stelle im Geiste folgende Gegenfrage: *Woman*, hast du schon einmal ein Profil gesehen, in dem die Rede von *Male Branding* für *Hepreneurs* ist? Vermutlich nicht. Weil das Männliche selbst für aufgeklärte Kapitalistinnen immer noch die Norm ist. Ein fließender Übergang zum zweiten Punkt, der mich an *#Girlboss* stört. Denn *ausgerechnet* die Begriffe *Chef*, *Boss* oder *Entrepreneur* zu verniedlichen, indem man *Mädchen* oder *Girl* oder *Honey*, *she* oder eine andere wiederauferstandene Geschlechterrollenzuweisung hinzufügt, ist Unternehmer*innen gegenüber respektlos und *ja*, schlimmstenfalls schädlich für das Selbstbild junger Frauen* und unseren Kampf für Chancengleichheit im Beruf.

Auf der einen Seite wollen *#Girlbosses* für profitorientierte Emanzipation einstehen, auf der anderen Seite spielen sie ihre eigentliche Unternehmerinnen-Funktion runter, halten sich klein und erschaffen stereotype Bilder weiblicher Führung. Funfact: 2013 wurde Sophia Amoruso zur „*Sexiest CEO alive*" gewählt. Die Optik und das Image scheinen also – ganz wie im echten Leben – auch im pseudofeministischen *Business-Life* oft wichtiger zu sein als das Rückgrat der *Company*. Das Schlimmste daran? Frauen sind diejenigen, die sich selbst als *#Fempreneurs*

21

Lifehack:

Press your surfboard against your body as naturally as you can while smiling into the camera. This way nobody will notice you can't actually surf.

branden. Mit verniedlichenden Baby-Termini in eine Nische katapultieren und sich dort als Community des Abnormen *framen.*

Frauen wie meine Zimmernachbarin Margo, die sich hinterher dieses einschränkende Etikett verpassen und als *Inspirational Quote* an die Wand hängen. Sie sind es, die „*Girlboss*" auf *Social Cards* texten, auf T-Shirts drucken und zwischen dem pinken Bücherregal im Thalia und der letzten *Goal-Getter-Mail* internalisiert haben, dass dieses Label für eine jüngere Generation hilfreich und inspirierend sei.

Wenn ich sehe, dass sich selbst erwachsene Frauen in ihren Vierzigern so nennen, frage ich mich schon, ob sie auch ihre Anwältin mit „Hello, *Fem-Lawyer*" begrüßen. Oder ihre Ärztin mit *Girl-Doctor* ansprechen, wenn sie sich einen Zeh gebrochen haben. Wenn Chefinnen und Selbstständige schon einen Begriff wählen, warum dann ausgerechnet Mädchen? Sophia, what have you *started*?

Statt die Mission weiter mit Begrifflichkeiten zu verwässern, wäre es doch viel eher an der Zeit, konsequent darüber nachzudenken, wie wir unsere Unternehmen führen wollen. Als Designer*innen, Werbetexter*innen, Unternehmer*innen oder ja, auch Influencer*innen. Ob wir so weitermachen wollen, wie bisher. Wachstum und Profit an erste Stelle setzen, statt Verletzlichkeit, Authentizität und Courage. Wir sollten uns fragen, warum Menschen davon ausgehen, dass sie erst etwas „geworden" sind, wenn sie zu dem einen Prozent gehören, das sich spontan einen Porsche mit Bargeld kaufen kann.

Heute findet man auf nastygal.com günstige Polyesterkleidung ab 10 Euro – wie in jedem anderen Online-Store auch. Die Geschäftsführerin ist seit 2017 Carol Kane, die die Brand für den Fast-Fashion-Retailer „Boohoo" aufkaufte. Von der einstigen Geschäftsidee ist nur eine Kategorie übrig geblieben: „Nasty Gal Vintage". Sophia Amoruso betreibt inzwischen das Medien-Netzwerk www.girlboss.com und arbeitet an einem

23

neuen Buch. Im Januar 2020 fragte sie ihre Follower: „What would you love to read about?"

2018 ist das Girlboss-Workbook erschienen, in dem Leserinnen „nach Herzenslust malen, eintragen, skizzieren können." Es ist laut Produktbeschreibung zugleich „Tagebuch, Spielbrett, ,Anti-Stress-Ball' und lädt zum Tagträumen im Büro oder in der Bahn ein."

Die meisten meiner Vintage-Klamotten habe ich zum Ende meines Erasmus-Semesters verschenkt. Nur eine Hose aus der Zeit trage ich immer noch. Sie ist von Levi's – und hat zwei Euro gekostet. Meine ehemalige Mitbewohnerin Margo arbeitet nicht mehr als Fashion-Designerin. Nach der zweiten Kollektion ging ihr das Geld für die Produktionskosten aus. Sie lebt mit Mann und Sohn in Warschau.

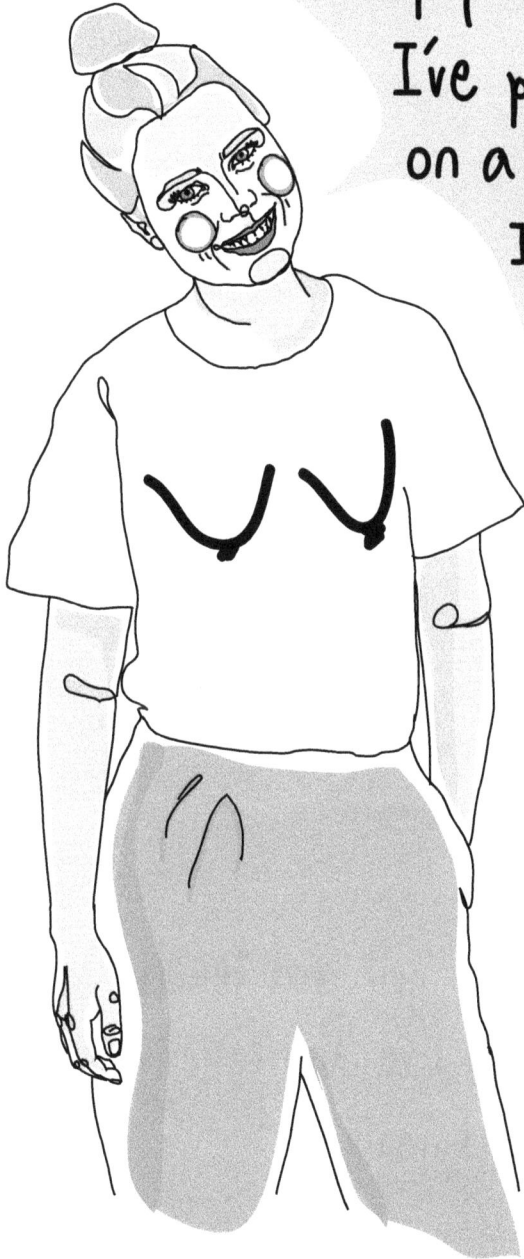

What if we'd all quit and teach each other how to live authentic lives in online courses instead?

Das Online-Kapitalist*innen-Mindset

Können wir noch einen Moment beim Thema bleiben? Danke.

Vier Jahre nach Amorusos Pleite bin ich auf dem Weg zu meinem Steuerberater, der bedauerlicherweise exakt am anderen Ende der Stadt wohnt. Das einzig Gute daran: Die Strecke lässt sich ganz gut im Autopilot bewältigen, sodass ich es genieße, einfach geradeaus auf der A100 zu fahren. An Charlottenburg und Tempelhof vorbei, meinen Alltag als Kleinunternehmerin vergessend, bis ich an der Grenzallee rausmuss. Bei meiner letzten Fahrt verspürte ich nach längerer Abstinenz wieder die Lust, statt dem Radio einen Podcast anzumachen. Mir anzuhören, wie andere Leute ihre Unternehmen führten und welche Tipps sie parat hatten. Schließlich erzählte mir also eine Deutsche etwas zum Thema fehlende Vorbilder, während ich mich durch die äußeren Straßen des Weddings schlängelte. Direkt zum Start verkündete sie, dass sie gerne Millionärin wäre. Wie sie das anstellen würde? Unbekannt.

Die Episode handelte nicht von dem geheimen Dopingmittel, mit dem die oberen Zehntausend dieser Welt in den letzten Jahren ihre persönliche Leidensgrenzen heruntergesetzt und ihre Gehirnleistung auf magische Weise verfünfzehnfacht haben, sodass ihr privates Vermögen mittlerweile das gemeinsame Eigentum von 99 Prozent der Menschheit in den Schatten stellt. Nein. Es ging ausschließlich um das *Mindset*, das man sich zulegen müsse, um *endlich* wirtschaftlich erfolgreich zu sein.

Was laut der Podcasterin auch dazu gehört: sich von dem Umfeld verabschieden, das einen davon abhält, zu *wachsen*. Schließlich umgeben sich reiche Menschen auch nur mit reichen Menschen, erfolgreiche Menschen nur mit erfolgreichen und angehende Millionär*innen scheinbar auch nur mit anderen Millionär*innen.

Während ich in die Harzer Straße einbog, fragte ich mich, ob *ich* mich denn mit den richtigen Freund*innen umgab. Schließlich war noch keine von uns – mir inklusive – reich geworden. Tamara zum Beispiel. Sie ist wahnsinnig schlau, hat einen abgeschlossenen Master in Grafikdesign, arbeitet deutschlandweit für angesehene Kund*innen und werkt gerade an ihrem ersten Zine. Oder Lucia! Ja, bei Lucia hätte das doch etwas werden können. Zuerst Festanstellung bei einem großen Medium, hinterher der Wechsel in die freiberufliche Erwachsenenbildung plus DIY-Backblog. Oder Gesa? Naturwissenschaftlicher *und* geisteswissenschaftlicher Bachelor, Buch geschrieben, frei am Theater gearbeitet, vier Sprachen fließend.

Alles Top-Lebensläufe. Top-Engagement. Top-Ideen. Klar, die Branchen sind schwierig, und doch haben alle drei große Namen hinter sich, vorzeigbare Webseiten und werden regelmäßig auf Jobportalen gesucht. Trotzdem kann nicht eine von ihnen, nicht eine von uns sagen: Mein Business ist siebenstellig – anders als die Podcasterin. Ja, sogar von sechsstellig ist bei uns keine Rede.

Keine von uns hat die Regeln, die uns selbsternannte Profis aus allen Ecken entgegenschreien, konsequent genug befolgt.

„Optimiere deine Website!"
„Wiederhole das Keyword!"
„Füge ein lächelndes Foto von dir ein!"
„Optimiere deine Conversion-Rate durch Paid-Ads!"
„Schreib das, was der Kunde lesen möchte!"
„Vermarkte dein Wissen!"
„Erstelle Kurse und werde zum Bestseller!"
„Erzähle DEINE Geschichte!"

So sehr wir uns bei gemeinsamen Drinks über die Frauen mit weit aufgerissenem Rachen in Business-Kostümen lustig machen: Am Ende des Tages haben es manche von ihnen geschafft, mit Mitte zwanzig so vermögend zu werden, dass sie nie wieder arbeiten müssen, während wir in politischer Arbeit, Aktivist*innen-Burnout oder Stipendien-Anträgen versinken und dabei versuchen, stets *korrekt* zu bleiben.

Zuhause nach meiner Steuerberatung stellte ich mir eine Frage, die ich lange außen vor gelassen hatte: „Kann man überhaupt radikale Feministin und selfmade Millionärin sein?" Drei Stunden später kann ich noch immer nicht schlafen. Meine Gedanken kreisen von meinem bisherigen Karriereweg („Habe *ich* etwas verpasst?!") zur Studienwahl („OK, Politikwissenschaft war jetzt nicht *super* lukrativ.") und dem damaligen unbezahlten Engagement bei der Unizeitung wieder zurück ins *Jetzt*.

Was stört mich denn an der Podcasterin, die Millionär*in werden will? Ist etwas Verwerfliches dabei, Geld *gut* zu finden? Ich denke daran, wie sie ganz selbstverständlich davon sprach, irgendwann ein DAX-geführtes Unternehmen zu führen. Branche? Egal. Hauptsache Geld, Geld, Geld.

Am nächsten Morgen leite ich die damals noch etwas salopp formulierte Frage („Kann man Feministin – und eine gute Unternehmerin sein?") auf Instagram weiter, wie ich das gerne tue, wenn mir der Funke für ein ausuferndes Essay fehlt. „Kommt darauf an, wie man ,Unternehmer' definiert. Ich finde das essentiell, um die Frage zu beantworten", antwortet mir Michaela Ziehm, eine kluge Frau aus Hannover. „Wenn ich von dem klassischen Bild des Unternehmers ausgehe, das es lange gab (und da meine groben Eindrücke aus der New-Work-Szene mit reinmische), dann würde ich die Frage eher verneinen, weil ich tatsächlich glaube, dass die meiste Lohnarbeit ausbeuterisch den Angestellten gegenüber ist. Und wenn man keine Angestellten hat, sondern selbst Dienstleistungen anbietet, dann muss man das in unserem System eigentlich auch meist so konzipieren, dass es Leuten mehr Geld aus der Tasche zieht, als vieles wert ist." Man müsse, so Michaela, Menschen in den Konsum drängen, um selbst davon leben zu können. [...] Und beides sei nicht feministisch, sondern ziele immer noch darauf ab, andere Menschen kleiner zu machen als sich selbst. Seien sie nun abhängige Beschäftigte, oder abhängige Kund*innen.

Bleiben wir der Vollständigkeit halber kurz bei der Semantik. Der Ökonom Joseph Schumpeter (zitiert nach Wagenknecht) legte nämlich großen Wert auf die Unterscheidung zwischen einem*einer Unternehmer*in und einem*einer Kapitalist*in. Ein*e Unternehmer*in ist nach Schumpeter eine Person, die in ihrem Unternehmen arbeitet und dieses in der Regel auch selbst gegründet hat. Er*sie ist mit seinen Ideen, seiner Inspiration und seiner Power das Zentrum dieses Unternehmens, er steht für dessen Erfolg oder auch Misserfolg, und er lebt von dem Einkommen für diese unternehmerische Arbeit.

Ganz anders der*die Kapitalist*in, den*die das Unternehmen nur als Anlageobjekt interessiert. Solange ein*e Unternehmer*in noch einen persönlichen Bezug zur Firma und zur Produktion hat, ist er*sie laut Schumpeter also noch kein*e wirtschaftliche*r Kapitalist*in.

Ich denke spontan an das kostenlose Webinar „Geldverdienen als Influencer und Blogger" von Neo-Marketingstar Caroline Preuss, das ich vor einem Monat gemeinsam mit Tamara auf der Couch angesehen habe. Es leitete uns anschließend automatisiert zu einer Verkaufspage weiter. Und zwar ohne, dass wir davor einen „Aha"-Effekt gehabt hätten. Die 90 Minuten davor durften wir uns Allerwelt-Weisheiten wie „Arbeite nicht gratis!", „Ein Shampoo ist keine Bezahlung" oder „Finde deinen USP!" gespickt mit Preuss' persönlicher Leidensgeschichte anhören, die im Wesentlichen daraus bestand, mit 20 noch keine Milliardärin gewesen zu sein. Das Produkt habe ich hinterher nicht gekauft. Aus dem einfachen Grund, dass ich bei der Verkaufsseite und dem strategischen „Deep"-Talk eher das Gefühl hatte, Preuss' Geldbeutel zu füllen, als später *meinen*.

Ein ähnliches Gefühl beschleicht mich regelmäßig auch bei den gängigen Business-Podcasts, die unterschwellig stets das Gefühl vermitteln, am Ende des Tages nicht genug getan zu haben. Selbst in den Arbeitsbereichen, in denen ich mir davor sattelfest vorkam, schlichen sich dadurch Zweifel ein. Zweifel, die mich zum Kaufen anregen sollten? Oder fehlte mir schlicht das digitale Kapitalistinnen-Mindset?

Trotz ihres professionellen Auftretens und ihres sicherlich gut-gemeinten Ansatzes, konnte mich Preuß nicht von ihrer neuen, digitalen Variante der Tellerwäscher-zum-Millionär-Geschichte überzeugen. Denn an die Spitze schaffen es nur wenige Online-Marketer, Blogger, Möchtegern-Influencer oder Autor*innen. Der Rest versucht sich mit gesponserten Postings 200 Euro im Monat dazuzuverdienen und jobbt im Bio-Markt ums Eck.

Zur Statistik: Das Handelsblatt rechnete 2014 vor, dass sich unter den reichsten Unternehmerfamilien Deutschlands lediglich 10 Prozent Unternehmer*innen der ersten Generation befinden. 90 Prozent also haben ihr Unternehmen *nicht* aufgebaut, sondern von ihren Eltern in den Schoß gelegt bekommen. Aber das nur zur Statistik, um die eigenen Erfolgschancen realistisch einzuschätzen.

Es gilt nach wie vor: Wenig Geld für viele, und viel Geld für wenige – daran hat sich auch im digitalen Business nichts verändert. Der Unterschied: Die Nachahmbarkeit scheint größer. Alles, was du brauchst, ist eine Internetverbindung und vermeintlich richtige Postingstrategien. Ich würde gerne schwarz auf weiß sehen, wie viele Kurskäufer*innen es hinterher schaffen, Geld mit ihren eigenen, online verfügbaren Schlaumeier-Kursen zu verdienen, und wie viele verzweifelt zuhause vor dem Funnel[1]-1x1-Handbuch sitzen. Wie viele werden es tatsächlich

---

1 Der Begriff Sales-Funnel (auch „Verkaufstrichter" genannt) bezeichnet ein Werkzeug aus dem B2B-Bereich und dem Vertrieb. Er dient dazu, durch verschiedene Schritte potenzielle Kund*innen bis hin zum erfolgreichen Abschluss eines Geschäfts zu selektieren (Quelle: unternehmer.de)

Don't

listen to white, privileged women

telling you how to live your life while failing to address collective suffering and widening inequality in pursuit of their own corporate wealth.

schaffen, ihre *Leidenschaft* zu verwirklichen und mit digitalen Produkten ein zuverlässiges, passives Einkommen aufzubauen? Da passiert Ausbeute, während die Macher*innen „Lasst euch nicht ausbeuten!" schreien. Reinfallen tun auf diese Sprüche (hoffentlich) wirklich nur blutige Anfänger*innen, die noch nie versucht haben, sich mit einem Thema langfristig zu befassen. Organisch an einem vollkommen übersättigten Markt an Relevanz zu gewinnen, wie es meine Freundinnen bereits seit Jahren in der Praxis tun.

Ja, es ist ätzend, morgens mit allen anderen U-Bahn zu fahren, statt sich durch die Überlistung verzweifelter Hausfrauen einen eigenen Working-Space am Ku'damm querzufinanzieren. Klar, in gewisser Weise wünsche ich mir auch, dass politische Bildungsarbeit so viel Geld abwirft wie ein 08/15-Onlinekurs. Nur ist letzterer eben (meist) unpolitisch und (meist) auf hohe Verkaufszahlen, ergo Quantität statt Qualität, getrimmt, um die Kurs-Ersteller*innen quasi „über Nacht" reich zu machen. Er verspricht zudem oftmals ein besseres Leben – und noch dazu *mehr* Geld in *weniger* Zeit. Ohne Garantie.

33

Ich werfe einen Blick auf die Website der Podcasterin („Bringe dich und dein Business auf die Überholspur.") und finde dort mehrere Dinge, die mich verstören. Obwohl ihr Unternehmen auf dem Fundament der „Liebe und Leidenschaft" basiert und sie mir gerne dabei helfen möchte, die Person zu werden, „die ich am meisten werden *möchte*", kostet mich das Coaching für meinen *Erfolg* und mein *Mindset* 10.000 Euro aufwärts. Der *Rich-Bitch-Club* – exklusiv für maximal 15 Frauen – kostet sogar 49.997 Euro (schlau, die letzten 3 Euro wegzulassen, um die Illusion eines Schnäppchens zu erwecken).

Der Unterschied zwischen unternehmerischem „Erfolg" und „Misserfolg", und hier wären wir wieder bei Michaela Ziehm, liegt sicherlich auch darin, dass reflektierte, mit ihrem Umfeld auf Augenhöhe lebende Frauen gar kein Business wie die Podcasterin oder Caroline Preuss führen *wollen*. Weil es andere Frauen in den Konsum drängt. Ihnen etwas andreht, einredet, verkauft – was am Ende mit ziemlicher Wahrscheinlichkeit nicht den gewünschten Effekt haben wird.

Kann also jemand, der radikal feministisch (= antikapitalistisch) denkt, also nicht nur daran interessiert ist, mehr Frauen in schicken Hosenanzügen in die Chefetagen zu bringen, sondern an einem generellen Umbau des aktuellen Wirtschaftssystems, derart überteuerte Preise verlangen? Geringverdienende diskriminieren, um ihr *Higher Self* (das die Welt ja so *dringend* braucht) zu verwirklichen? Unbezahlte Praktika anbieten? Die Vermögensverteilung dem Leistungswettbewerb auf den freien Märkten überlassen?

„Kann man Feministin sein und sich schminken? Kann man Feministin sein und sich die Nägel lackieren? Das waren die banalsten Fragen, die die banalsten Zeitschriftenfeatures zur Folge hatten" schreibt Reni Eddo-Lodge ironisch in ihrem Bestseller. „Die ‚Kann man Feministin sein und'-Fragen beruhten alle auf den abgedroschenen Stereotypen des feministischen Aktivismus aus der patriarchalischen Presse der 1970er Jahre, in der Feministinnen als Latzhosen tragende, zornige Frauen dargestellt wurden [...]. Statt nach High Heels und Lippenstift zu fragen, sind die drängenden Fragen, die wir uns schon längst hätten stellen müssen: Kann man Feministin und gegen Abtreibung sein? Kann man Feministin sein und vorsätzlich nichts von Rassismus wissen wollen?"

Ich frage: Kann man Feministin, und neureiche Unternehmerin sein? Kann man ernsthaft daran glauben, dass jede Person, die talentiert ist und sich anstrengt, Millionär*in werden kann? Kann man Onlinekurse zum Geheimnis erfolgreicher Onlinekurse für mehrere tausend Euro anbieten? Die goldenen Regeln der perfekten Instagram-Inszenierung predigen, die letzten Endes nichts weiter als einen Stereotypen-bevorzugenden Algorithmus befriedigen?

Sich an die Online-Marketing-Regeln zu halten, bedeutet doch auch, ein Unternehmen nach Schablone zu führen. Am Ende sehen alle Webseiten, alle Instagram-Accounts wie die herausgestreckten Hintern ihrer Träger*innen aus: gleich. Und wo bleibt dann der USP, *ha*? Irgendwann ist auch dieser pastellfarbene Perfektions-Zug wieder abgefahren, und eine neue Runde „Wer wird Onlinemarketer-Millionär" beginnt von vorne.

Ohne hier jemandem fiese Absichten unterstellen zu wollen: Es dünkt beim Zuhören zumindest der Eindruck, als ob einige Online-Gurus den Beruf nur ausüben, um sich zu bereichern, obwohl die Beratungstätigkeit an sich – ethisch korrekt gehandhabt – durchaus seine Berechtigung hat. Wenn man das Individuum beispielsweise *nicht* abhängig macht, damit es ständig wiederkommt und neue Beratungen bucht. Dass man Kund*innen gehen lässt, wenn sie auf eigenen Beinen stehen, und sie nicht jedes halbe Jahr mit einem neuen tollen Kurs zumüllt, der im Prinzip dasselbe sagt wie der alte, nur in grün. Aber so funktioniert der Spätkapitalismus nicht. Es müssen immer neue Kund*innen gefunden und schreckliche Schicksale in bares Geld verwandelt werden.

Aber was steht den radikalen Feminist*innen nun wirklich im Weg, um reich zu werden? Sind es am Ende nicht auch sie *selbst*? Ihr Drang, immer das „Richtige" zu tun? Anderen den Vortritt zu lassen? Faire Preise zu verlangen, wo andere einfach wild draufloskalkulieren, ohne einen solchen Gedanken zu verschwenden? Dass (eher radikale) feministische Projekte oft am Finanziellen scheitern, liegt nicht an den schlechten Inhalten. Es liegt vielleicht auch nicht daran, dass nicht nach den Regeln einer öffentlichkeitswirksamen Selbstpräsentation gespielt wird. Der Grund ist ganz einfach: Das *permanente* Streben nach mehr Sichtbarkeit, mehr Reichweite, mehr Umsatz, mehr Mitarbeiter*innen und das Optimieren zugunsten der Maschine geht sich nur schwer mit den Grundsätzen linker Wirtschaftsphilosophie aus. Feministische Projekte haben selten die Möglichkeit, sich mit ihren komplexen und schwierigen Themen selbst

35

If all we
have to
do is close
our eyes
and firmly
believe
in our
dreams
to make
them
come true,...
why do
we still
watch

Porn?

zu verwerten oder Erträge abzuwerfen. Denn unnachgiebig feministisches Handeln dient in erster Linie nicht dem Markt oder der Vermehrung von Kapital, sondern der *Bewegung*. Also: Weniger T-Shirts, mehr kollektives Nach-Oben-Treten und Bündnisse schließen.

Wer die Maschine nicht so füttert, seine Webseite nicht nach der gängigsten Methode umoperiert und aufpimpt, keine spirituellen Namaste-Sprüchlein postet und sich von der herrschenden Logik der Schönwetterfeministinnen abwendet, wird finanzielle Einbußen davontragen. In der Regel. Es gibt Ausnahmen von der Regel, aber selbst die haben meist Jahre gebraucht, um sich einen Namen zu erschreiben. Margarete Stokowski, zum Beispiel. Oder Jia Tolentino. Brené Brown. Oder Reni Eddo-Lodge.

Deshalb ist also keine meiner Freundinnen bislang reich geworden. Weil sich keine meiner Freundinnen bislang auf eine Bühne stellen wollte, auf der sie zum Guru erkoren über anderen stehen und über ihre eigenen Fehler schweigen würde. (Also, es sei denn, ein persönlicher Misserfolg dient als Storytelling-Meilenstein, der von jetzt bis zum Ende aller Tage wieder- und wiedererzählt wird, um die persönliche Markenbindung zu stärken.)

Meine Freundinnen sind kritisch. Sie sind nicht immer sympathisch. Sie haben Rückgrat. Und ein *Gewissen*. Sie machen den Mund auf, wenn ihnen etwas nicht passt. Sie machen Pausen von Social Media. Sie bauen keine Funnel. Sie versprechen nicht Dinge, die sie nicht halten können. Keine von ihnen – und hier wären wir beim wohl wichtigsten Punkt – hat Kapital, das für sie arbeitet.

Also, um zur Ausgangsfrage zurückzukommen: Nein, ich denke nicht, dass Systemkritik, Feminismus und aggressives Kapitalist*innentum im klassischen Sinne einhergehen. Nicht, wenn bei den Ausübenden Haltung *vor* Profit steht. Und *vor* der persönlichen Bereicherung. Weil es nur schwer möglich ist, gleichzeitig für ein bedingungsloses Grundeinkommen zu sein *und* von unendlicher Skalierbarkeit zu träumen. Weil es schwierig

37

wird, Umverteilung zu predigen, und gleichzeitig Tageskurse für 1.800 Euro anzubieten, die ein elitäres, finanziell sorgloses Publikum anziehen und so Ungleichheiten vergrößern.

„Ob wir es uns etwa nicht wert sind", wird am Ende dieses Essays der eine oder die andere einwerfen. Uns ein fragwürdiges *Money-Mindset* einreden. Dummheit. Naivität. Fragen, ob wir uns „schämen würden", viel zu verdienen oder reich zu werden. „Als ob das eine Schande sei!"

Die Antwort ist keine einfache, aber ja. Gelinde gesagt bedeutet Reichtum im Spätkapitalismus in 9 von 10 Fällen genau das – und hier wären wir wieder beim Anfang: Die Ausbeutung anderer oder sich selbst. Die künstliche Preis- oder Mieterhöhung, zum Beispiel. *Because you can.*

Ein fairer Umgang mit anderen heißt übrigens nicht, dass man sich selbst nichts wert ist. Es heißt, dass einem andere auch etwas wert sind.

Der Anarchist auf meinem Sofa

Ich lernte Pedro auf einer Geburtstagsfeier vergangenen Winter kennen. Er kam drei Stunden nach allen anderen und zog beim Betreten des Wohnzimmers die gesamte Aufmerksamkeit auf sich, bevor er sich ohne Entschuldigung für die Verspätung zu einem Kollegen aufs Sofa setzte. Von dort aus erzählte er lauthals von den Junkies, die er anscheinend erst vor Kurzem aus seiner Wohnung geschmissen hatte. Eigentlich wollte ich schon lange vor seinem Auftritt gehen, ließ mich aber schließlich doch noch mit einem Buch nieder, das sich auf meiner To-read-Liste und zufällig im Besitz der Gastgeberin befand.

Nach nur wenigen Minuten unterbrach Pedro meinen Lesefluss. Er stellte mir einer Frage, an die ich mich heute nicht mehr erinnern kann.

Er war sehr groß – über eins neunzig –, schlaksig und dunkelblond. Schön, auf eine Weise, wie ich nur Männer schön fand, die mich mit ihrer Merkwürdigkeit überfielen und mir keinen Raum gaben, genauer darüber nachzudenken.

Wir sprachen kurz über das Buch, das ich gerade angelesen hatte, bevor wir von einem Thema zum nächsten sprangen wie Antilopen, die um ihr Leben rannten. Pedro konnte nie lange bei einem Gedankenstrang bleiben. Kam in wenigen Sekunden vom Hundertsten ins Tausendste, von Harry Potter zur weltpolitischen Machtübernahme durch Maschinen. Maschinen, die bald für Pedro arbeiten würden. Er müsse sie nur noch erschaffen! Mit dem 3D-Drucker zusammenbasteln – und programmieren.

Sein undeutscher Zugang zur Arbeit imponierte mir *sofort*.

When you realize by 28 that your parents taught you nothing about boundaries, selfrespect or resilience so you "figure it out yourself" in one problematic friendship after another.

Schließlich steckte ich selbst schon lange genug im Dilemma der Lohnarbeit, zwischen uninspirierten Meetings und „Ja, aber gerne doch!"-Antworten fest. Vielleicht gab es Möglichkeiten, die ich bei meiner Recherche übersehen hatte, um ihr zu entkommen? Vielleicht war Pedro das *missing Piece* meiner langen Suche nach einem Ausweg?

Er interessierte sich für *alles*. Von Philosophie über Musik, bis hin zu Physik und Mathematik. „Ein Universalgenie!", dachte ich. So klug und brillant, dass selbst *ich* ihn in seiner Grandiosität niemals gänzlich verstehen würde.

Dass das Meiste, was Pedro sagte, nicht genial, sondern allein logistisch unrealisierbarer Schwachsinn war und er nie an den Punkt gelangen würde, seine Utopien umzusetzen, war mir zum damaligen Zeitpunkt nicht bewusst. Ich ahnte, dass das mit uns politisch wie privat schwierig werden könnte. Und war doch zu neugierig auf den Menschen, der sich mir hier ohne jegliche vorzuweisenden Erfolge derart selbstbewusst präsentierte.

Ich hatte zuvor noch nie jemanden wie Pedro kennengelernt. Jemanden, der bewusst auf die Vorzüge des Kapitalismus verzichtete. Auf Sushi, schöne Kleidung und ein Abo bei Spotify. Eine Arbeit, die den Tag dominiert und das Geld einbringt für Miete, Wasser und Strom. Er war das Gegenteil jener *Girlbosse*, mit denen ich tagsüber zu kämpfen hatte.

Vielleicht habe ich ihn auch deshalb mit in meine Wohnung genommen. Um noch ein bisschen von seiner Naivität zu zehren, die mir wie eine lange überfällige Abwechslung von meinem nervenraubenden Autorinnendasein erschien.

Anders als sein Leben war meines gewiss nicht frei von institutioneller Gewalt. Ich hatte Verlage im Nacken. Medienhäuser. Geldgeber, die auf die Abarbeitung von Aufträgen warteten. Jede Gesetzlosigkeit hätte zur Vertragsauflösung geführt. Zu einem Verlust meiner Zahlungsfähigkeit. Selbst als Freischaffende war ich – zumindest in Teilen – von einer milden Herrschaft anderer abhängig.

Für Pedro waren meine Probleme ganz offensichtlich unbekanntes Terrain.

Soweit ich weiß, hatte er seit drei oder vier Jahren nicht mehr lohngearbeitet. Vom Dealen ausgenommen. Fernab seines sich in die Länge ziehenden Bachelorstudiums hatte er keine Deadlines, die es einzuhalten galt. Er war jetzt fast 27 Jahre alt – und schien sich nicht einen Deut um seine Zukunft zu scheren.

Nein, Entschuldigung. Das zu behaupten, wäre unfair. Er scherte sich *sehr wohl* um seine Zukunft, allerdings nicht so, wie das die meisten Menschen taten – mit sicherlich diskutablen Renten-Zusatzversicherungen und Co. –, sondern wie jemand, der wie ein talentloser Jack Dawson von Tag zu Tag lebte und einfach darauf hoffte, heute in einem Jahr an einem anderen Punkt zu sein, ohne etwas dafür getan zu haben.

Würde *ich* jemals so frei sein? So unbeschwert?

Sein Leben wollte Pedro auf einem Boot verbringen, das vom Berliner Hafen hinaus in die Welt schippern würde. Nach Portugal und Marokko. Dass er keine Boote bauen konnte, *überhaupt* noch nie etwas über Statik, Schiffsbau oder Seefahrt gelernt hatte, schien Pedro nicht von seinem Vorhaben abzuhalten.

Wichtig war ihm nur, dass er später keinen klassischen Job haben müsste, um seine Lebenserhaltungskosten „einzutreiben“. Er wollte deshalb auf einen festen Wohnsitz verzichten, wie die Piraten auf den Meeren. Nur das mitnehmen, was ihm freiwillig gegeben wurde.

Ich, die stets an das Rationale glaubte, einen Plan hatte, in Mindestzeit studierte, um sich später in hierarchisch-organisierten Betrieben kaputt zu arbeiten, war mit meiner Abneigung gegen den Spätkapitalismus ein ideales Opfer für Freiheits-Pedro. Neben ihm war von meiner „Radikalität“ nichts mehr übrig. Ich schämte mich plötzlich, einmal pro Jahr neue Schuhe zu kaufen. Oder für Frühstück zu bezahlen. Pedro verkörperte vielleicht nicht das komplette Gegenteil von dem, was ich war, zeigte mir allerdings wichtige Lücken in meinem eigenen Denken auf. Er stellte ständig in Frage, an was ich glaubte (Duschen, Haarekämmen, Essengehen) – und erzählte mir in meiner Wohnung mit dreckigen Fingernägeln von geplanten Hausbesetzungen und anarchistischen Kollektiven, von Polyamorie und schönen Mädchen.

Und ich fragte mich, wie ernst Pedro überhaupt irgendetwas auf diesem Planeten erschien, das nicht in erster Linie mit seinem eigenen Wohlbefinden zu tun hatte.

Wer war dieser Mensch, der auf meiner Couch Chips aß, Gras rauchte und sich niemals Sorgen machte? Ich fragte mich, wie ernst Pedro überhaupt irgendetwas auf diesem Planeten erschien, das nicht in erster Linie mit seinem eigenen Wohlbefinden zu tun hatte.

Am Morgen nach dieser ersten Begegnung fühlte ich mich überraschend fröhlich. Fast so, als ob mir jemand mit der Luftpumpe kleine Wölkchen Lebensfreude in den Kopf geblasen hätte.

43

Zum Schluss hatte ich ihm sogar meine Nummer in sein iPhone getippt, um einen persischen Teppich loszuwerden, der seit Monaten bei mir in der Ecke stand. Ein billiger Vorwand, von dem wir beide wussten, um das kleine Fenster der Möglichkeiten nicht vollends zu schließen, uns jemals wieder zu sehen.

Ich beschloss, dem Gefühl Raum zu geben, ohne mich weiter hineinzusteigern. Meiner Freundin Sarah schrieb ich mit einem Schmunzeln auf dem Gesicht, dass ich letzte Nacht hätte Sex haben können. Mit einem „richtig coolen Typen!" Ich kicherte, während ich die Nachricht in der Küche absandte.

Die kommende Woche dachte ich kaum an Pedro. Zu absurd war die Vorstellung, mich vielleicht tatsächlich in diesen Typen verschaut zu haben.

Nein, wiedersehen würde ich ihn mit Sicherheit nicht.

Ich schrieb ihn ab, bevor es angefangen hatte. Als spannende Erfahrung. Als einen Einblick in ein Dasein, von dem ich nichts verstand, und das sich mir vermutlich nie zur Gänze offenbaren würde.

Schon am darauffolgenden Sonntag bekam ich gegen 12 Uhr einen Anruf von Pedro. Er hatte Lust, mich zu sehen und fragte, ob ich spontan Zeit hätte. Zwei Stunden später kam ich mit einem einbandagierten Finger die Treppen hinunter. Wir wollten einen Spaziergang um den nahegelegenen See unternehmen. Dass ich gerade eine Operation hinter mir hatte, schien Pedro entweder vergessen oder nicht für relevant erachtet zu haben.

Er redete und redete und redete allen voran über – und *mit* – sich selbst, und bot mir statt seinem Mitgefühl einen Joint an, an dem ich dankbar zog.

Mein Talent, alle Warnzeichen zu übersehen, machte sich wieder bemerkbar. Nach weiteren Stunden voller Wahnsinn auf dem Sofa fragte Pedro vorsichtig, ob er vielleicht hier schlafen könne. Niemand war überrascht, dass um halb zwei keine U-Bahn fährt. Dieses Mal blieb er über Nacht.

Heute, ein halbes Jahr später, würde ich hinhören, wenn er mich mal wieder nicht ausreden ließ. Ich würde ihn darauf ansprechen, dass er sich an nichts erinnern kann, was ich ihm gerade erst vor zehn Minuten erzählt hatte. Dass sein Kopf immer nur dort war, wo er sein wollte. Dass er ständig von seiner heroinabhängigen Exfreundin sprach, die ihn angeblich verrückt machte. So verrückt, dass er sie trotzdem jeden Tag sah. Verrückt, dass sie erst neunzehn war.

Pedro war ein typisches Mann-Kind, das es unter dem Vorwand der absoluten Leistungsverweigerung nicht schaffte, einzukaufen, bevor die Supermärkte schlossen, und sich dann bei mir durchfüttern ließ. Ein Typ, der es irgendwie schaffte, dass ich mich schlechtfühlte, wenn ich für einen vollen Kühlschrank sorgte.

Meine unhinterfragte Verantwortung Pedro gegenüber wurde zu einer Schwäche. Die einst bei ihm wohnenden Junkies, die er selbst als parasitär und dreckig beschrieb, waren doch gar nicht so anders als er selbst? Liegt es nicht immer an der Perspektive, wer wen als Parasiten betrachtet?

Die seinerseits initiierten Versuche, mich als Geste zum Essen auszuführen, fanden trotz seiner Versprechungen nie statt. Manchmal rief mich Pedro am Weg zu mir an, um mir mitzuteilen, dass er „schon Hunger" hätte. Ob er „noch kurz hochkommen" könne.

Ein einziges Mal brachte er eine große Portion Falafel mit und machte mich sogleich nach dem dritten Bissen deutlich darauf aufmerksam, dass ich „doch bitte nicht so viel" essen solle, schließlich wolle er „auch noch etwas davon haben". Dass er die letzten sieben Male alles selbstverständlich weggegessen hatte, was ich auf den Tisch stellte, ohne sich auch nur ein kleines, gesellschaftlich akzeptiertes bisschen zu schämen – *geschenkt*.

Die Sache mit dem Essen war nur eine von vielen, die mich nach und nach wütend machten. Und so wahnsinnig, wahnsinnig spießig! Plötzlich war ich die, die „nicht locker bleiben" konnte. Die, die immer arbeiten musste. Ihre Social-Media-Profile pflegte. Die, die sich „mal entspannen" sollte. Die, die sich „ohnehin viel zu viele Gedanken" machte. Die, die sein Leben verurteilte. Sein ganzes irdisches *Dasein* erschien mir paradox.

Obwohl sich Pedro vehement weigerte, am gesellschaftlichen Snobismus teilzuhaben und Geld für große Konzerne zu scheffeln und obwohl er so gerne die „Deutsche Wohnen" enteignen und eine Kommune aufbauen würde, lebte er von der Arbeit und Mühe anderer. Von meiner, zum Beispiel. „Eine Welt, in der Freiheit jeden beglückt, den Schwachen, den Starken, ‚ihn' und ‚sie', wo ‚deins' und ‚meins' keinen unterdrücken wird – das ist Anarchie", schrieb der jiddischsprachige Schriftsteller David Edelstadt in einem Gedicht. Nur warum war Pedros Falafel dann nicht *meine*? Warum pickte er sich nur die Rosinen aus einem bodenlosen Fass an Vorteilen heraus, ohne die leeren Glasflaschen rauszutragen?

Es war die toxisch-männliche Selbstgefälligkeit, mit der er

45

ein Leben auf Kosten anderer führte, ohne sich diesen Fakt bewusst zu machen. Angeblich hatte er gemeinnützige Sponsoren für seine geringfügige Programmiertätigkeit. Die – wenn wir ganz ehrlich sind – aus wenig faszinierenden Versuchen bestand, einen Generator für leichte Sprache zu entwickeln, den es so oder so ähnlich schon längst gab.

Ich war nicht beeindruckt von seinen Versuchen, mich zu beeindrucken. Er wusste gar nicht erst, was ich tagsüber so tat. In den lichten Momenten meiner oberflächlichen Verliebtheit erkannte ich sehr wohl, dass ich es mit einem Narzissten zu tun hatte.

Pedro dachte gar nicht daran, dass ich auch so etwas wie Bedürfnisse hatte. Zwischendurch programmierte und adaptierte er bereits bestehenden Code, der ihm in den richtigen Kreisen höchstens lautes Gelächter verschafft hätte. Es war ein netter Versuch, technologisch Schritt zu halten. Ein verzweifeltes „Ich tu ja was", mehr nicht.

Seine drohende Wohnungsnot machte ihm weniger Sorgen als mir. Wie kann jemand, der seit dem letzten Briefwechsel mit der Hausverwaltung weiß, dass er am Monatsletzten raus muss, seelenruhig Kippen im Bett drehen und Musik hören?

Ab wie viel Nikotin pro Minute nimmt die Angst vor der drohenden Obdachlosigkeit ab?

War es das, was er wollte? Die komplette Freiheit von gesellschaftlichen Zwängen, selbst, wenn es bedeutete, keine Sanitäranlagen zur Verfügung zu haben? Gab es keinen Kompromiss?

Nicht nur einmal, als er von seinen Tramps in den Hambacher Forst zurückkam und einen Sprung bei mir vorbeischaute, stank er entsetzlich. Selbst nahm er den Geruch gar nicht mehr wahr, während mein Sofa selbst Stunden nach seiner Abwesenheit immer noch seltsam modrig müffelte.

Ich konnte es nicht verstehen, wie jemand, der als deutscher Staatsbürger zur Welt kam und gebildete, unterstützende Eltern hatte, sich freiwillig dafür entschied, in den Wald zu ziehen. Im

"Accepting things as they are"
AKA
Remaining in toxic environments,
unable to critique what might
be unjust is
exactly how I
imagined
my
twenties!

47

Freien zu schlafen – bei Temperaturen um die Null.

Als ich ihn darauf ansprach, dass das Abrodungsmanöver doch längst gestoppt war, meinte er, dass es trotzdem wichtig sei, Präsenz zu zeigen – vor allem gegenüber der Polizei. Begeistert erzählte er mir davon, dass die Besetzer*innen mit kostenlosem Essen versorgt wurden und sich um nichts weiter kümmern mussten, als „die Lage zu halten". Oder Workshops zu gepflegtem Ladendiebstahl zu organisieren. Die Stimmung sei meist ausgelassen, hier fand der Mensch noch wahre Gemeinschaft und Nächstenliebe! Zumindest so lange, bis eine zur Decke umfunktionierte Jacke aus dem Rucksack verschwand.

Wenn *weiße* Frauen aus der Oberschicht Privilegien haben, *was* hat dann Pedro?

Die anfängliche Begeisterung für seinen anarchischen Lebensstil wich immer mehr dem Vorurteil, es hier mit einem *Sozialschmarotzer* zu tun zu haben. Ausgerechnet dieses Wort zu benutzen, fällt mir nicht leicht – kennt man es doch sonst eher aus rechten Kontexten, in denen marginalisierte Menschen für den legitimen Bezug von Sozialleistungen öffentlich abgewertet werden.

Doch Pedro war kein Sozialfall! Er hatte bald einen Studienabschluss in Mathematik. Und verlor gerade eine Wohnung, die von seinen Eltern bezahlt wurde.

Was also hatte Pedro so verändert? Wie konnte es sein, dass er entweder nicht arbeiten *musste*, oder tatsächlich mit sehr wenig zurechtkam? Oder war diese Veränderung, die Abkehr vom Kapitalismus, eigentlich nichts weiter als eine Flucht vor den eigenen Versagensängsten? Konnte er nicht alleine sein? War er vielleicht gar nicht taff genug, um in Eigeninitiative im Wald zu leben? Sein glorifizierter Lifestyle in Wahrheit Armut? Die Wahl, die er zu haben schien, die einzige Möglichkeit für einen jungen, chaotischen, mittellosen Mann. In einem anderen Szenario wäre es durchaus möglich gewesen, dass ich ihn bei mir aufgenommen hätte. Ich hätte *diese* Frau werden können.

Als ich Pedro ein paar Monate später wieder höre – unser Kontakt ist inzwischen auf ein Minimum reduziert – hat er immer noch keine Wohnung. Er schläft, soweit ich weiß, in der aktuell unbewohnten Bude der Gastgeberin und bei Freund*innen auf der Couch. Weil mein Keller ohnehin leer steht, biete ich ihm an, seinen Kram erstmal bei mir unterzustellen.

Zwischendurch erzählte er mir stolz, dass er schon bald eine neue Wohnung haben würde. Seine Eltern würden sich wieder als Hauptmieter zur Verfügung stellen. Jedes Mal, wenn seine Anarcho-Fantasien mit der finanziellen Unterstützung und Sicherheit seiner Eltern kollidierten, tobte ich innerlich. Äußerlich hatte ich mich inzwischen abgegrenzt. Schrieb selten bis nie zurück. Wenn schon fernab von Kapitalismus leben, so dachte ich, dann doch bitte so richtig – und nicht später wieder Mama und Papa anrufen. Dann doch lieber Girlboss werden, als Pedro!

An einem heißen Sommertag am See, einem der letzten Male, als ich Pedro traf, fragte ich vorsichtig, ob er sich nun schon ein Boot aus Plastik gebaut hatte, auf dem er mit seinen Genoss*innen wohnen könnte. Der erste Versuch war laut Pedro rigoros gescheitert, weil man – Überraschung, Überraschung – nicht einfach nach Belieben auf der Spree Boote bauen und bewohnen kann.

So sehr sich Pedro nach der Abwesenheit eines Staats sehnte, nach einem Zustand von Gesetzlosigkeit – letztlich finanzierten der Staat und seine Steuerzahler*innen auch sein Studium und Teile seiner Krankenversicherung. So sexy es auf den ersten Blick aussah, keine Fesseln eines Arbeitsvertrags zu spüren und jeden Tag so lange schlafen zu können, wie man wollte: die Aura, die Pedro in der ersten gemeinsamen Nacht umgab, löste sich in den sechs Monaten seit unserem Kennenlernen nicht nur in Staub auf. Sie krachte zusammen wie eine baufällige Brücke in Ex-Jugoslawien. Während ich mit meinen Texten Geld verdiente und für Seminare durch die Gegend flog, bastelte er mit seinen wohnungslosen Freund*innen aus dem Forstkollektiv und kam sich dabei wie ein wahrer Weltretter vor. Nur, dass er keine Welt rettete, sondern, im Gegenteil: die Augen ganz fest verschloss. Vor der harten Realität des Neoliberalismus, die ihn genauso, wenn auch vielleicht in einem anderen Maße, umgab, benachteiligte und fesselte wie mich. Er war zum Außenseiter geworden, vor dem andere Menschen in der U-Bahn die Nase rümpften.

Menschen wie Pedro sind dermaßen davon überzeugt, das Richtige zu tun, indem sie sich verweigern, dass sie nicht anders können, als von denjenigen zu nehmen, die in ihren Augen zu viel von allem haben. Ob das nun Freund*innen, Kolleg*innen, Selbstständige oder Konzerne sind.

Manche Begegnungen innerhalb der Anarcho-Szene waren so absurd, dass ich mich währenddessen fragte, auf welchem Trip ihre Protagonist*innen hängen geblieben sind. Einmal waren wir mit einem Freund Pedros unterwegs, der mir seinen Namen partout nicht verraten wollte und felsenfest davon überzeug war, ohne Kontakte mit einer alten DSLR-Kamera ausgestattet als Fotograf Fuß im Journalismus zu fassen. Er dachte, dass die Branche nur so auf seine Brillanz warten würde. Wie lange es auch immer dauern mag, sein Talent zu entfalten! Kein Wunder brauchten Typen wie Pedro und sein Freund keine Empower-ment-Sprüchlein auf Social Media, um sich ihrer eigenen Groß-artigkeit zu vergewissern.

Männer wie sie sind der lebende Beweis von unbegründe-tem Selbstbewusstsein. Männer, Ende zwanzig, Anfang drei-ßig, die zwar durchaus zu klugen Gedanken imstande sind, aber sowohl an ihren eigenen Ambitionen, als auch ihrem faktischem Können scheitern, um diese auch umzusetzen. Was bringen die besten Diskussionen in einem besetzten Haus, wenn das juristische Wissen fehlt, um dieses nachhhaltig zu retten?

All die Mühe, die ich mir gegeben hatte, um aus meiner Denkschule auszubrechen und zu verstehen, warum jemand freiwillig auf Duschen verzichtet, um kein Geld in die Berliner Wasserbetriebe zu investieren, war vergebens.

Ich habe es auch mit Pedros Hilfe nicht geschafft, mich vom Kapitalismus zu befreien, weil es meiner Meinung nach kein tatsächliches Weglaufen vor dem System gibt, in dem wir geboren und sozialisiert wurden. Pedro lebt ohne Geld deutlich unfreier als mit. Er schnorrt Passant*innen an. Klaut. Ist ständig darauf angewiesen, dass ihm andere wohlgesonnen sind.

Seit ich Pedro kenne, freue ich mich, meinen Fähigkeiten entsprechend Geld zu verdienen und mir meinen ganz privaten Luxus zu gönnen. Und wenn dieser in einem ausgiebigen Bad besteht, das Pedro verachten würde.

Was bleibt, ist ein leerer Kühlschrank und eine inzwischen wieder saubere Couch. Seine Sachen hat Pedro gestern aus meinem Keller abgeholt. In meinem Hauseingang hat er einen Haufen dreckige Shirts, alte Kleiderstangen und zerschlissene Uni-Ordner mit einem „Zu Verschenken"-Schild abgestellt.

Niemand wollte seinen Müll haben.

51

The cycle of positive arousal on social media

#1 This platform is awesome. I'm gonna share every single thought I had today.

#2 YESSS! I am seen. I am important.

#3 Who is David? And why did he write this comment?

#4 Who does David think he is? And Lisa? And Thorsten?

#5 This is annoying.

#6 Turning off notifications.

#7 Deinstalling the app.

#8 Logging in only occassionally to check up.

#9. Social media suicide.

Das Private ist voyeuristisch und gewaltsam

Ich erinnere mich gut an das Internet der frühen 10er-Jahre, aber noch besser erinnere ich mich an die Glückshormone, die meinen Körper fluteten wie Ecstasy, wenn ich nach dem Posten vor meinem Rechner im Kinderzimmer saß und alle fünf Minuten auf „aktualisieren" klickte. Als sei es das Aufregendste der Welt, seine schlechtbelichteten Spiegelselfies mit einem My-Chemical-Romance-Zitat zu versehen und auf Likes zu warten.

Mit meinem heutigen Wissensstand fällt es nicht unbedingt leicht, der Vergangenheit gegenüber objektiv zu bleiben. Auf urteilende Worte zu verzichten. Statt uns an den BWL-Übungsaufgaben abzuarbeiten, spielten meine Klassenkameradinnen und ich Quizze mit Namen wie „Welcher Song bist du" auf Facebook und veröffentlichten die Ergebnisse mit einem Zwinkersmiley auf unseren Pinnwänden. Wir definierten uns über das, was wir von uns zeigten und wiederum andere darauf aufbauend von uns dachten.

Es war die Zeit, in der einige wenige von uns, die später im Bereich Medien und Kultur arbeiten würden, so etwas wie eine Stimme entwickelten, *a way of expressing oneself*, Alltagsgeschichten auf anekdotische Weise aufbereiteten und ganze Dialoge über besoffene Wochenenderlebnisse für jedermann einsehbar in diesen leeren Kasten auf einer Plattform tippten, die dafür entwickelt worden war, unser Innerstes durch spaßige Mitmach-Elemente nach außen zu kehren.

Wir schrieben das Jahr 2010 oder 2011 und fühlten uns wahnsinnig kreativ dabei. Eine digitale Revolution stand bevor, und wir waren auch ohne Programmübersicht ganz vorne

53

in der ersten Reihe mit dabei. Jeder konnte mitmachen. Endlich vom Empfänger zum Sender werden. Die eigene Sicht der Dinge schildern. Gehört werden. Alles, was Mensch dafür tun musste, war, in einem Netzwerk mit anderen verbunden zu sein.

Es fühlte sich gut an. Diese Möglichkeit, sich im Sekundentakt mitzuteilen. Blogs gab es schon früher, doch erst Social Media ermöglichte es wirklich allen, die eigenen Gedanken einer breiteren Masse an lose verbundenen Bekannten vorzusetzen und auf Reaktionen zu hoffen.

Die Negativa, die mit dem Teilen der eigenen Daten in Form von persönlichen Geschichten, Fotos und Statements einhergingen, wurden belächelt. Die neue Währung der Aufmerksamkeit sollte nicht so schnell durch schlechtbegründete Ratschläge irgendwelcher konservativen Technikverweiger*innen zunichte gemacht werden. Dafür war alles viel zu aufregend. Die Menschen liebten ihre neuen Spielzeuge und Berufsbezeichnungen. Social Media Manager. Content Creator. Digital Strategist.

Es entstanden ganze Industrien und Magazine um die neue Ökonomie des Mitteilungsbedürfnisses. Magazine wie Vice, die einst für US-amerikanische Underground-Vibes standen und potenzielle Mitarbeiter mit einer geheimnisvollen Aura von Exklusivität beeindruckten, um sie später für 25 Euro den Text über ihre Sexerlebnisse und Alkoholprobleme schreiben zu lassen, feierten ihren Höhepunkt nicht zufällig zwischen den Jahren 2011 und 2014.

Wir alle wollten das lesen. Die Geschichten über LSD-Trips und Urlaube mit den Eltern. Exotische Geschlechtskrankheiten, die man sich auf Spring Break eingefangen hatte, und die Folgen unbewältigter Langzeitbeziehungen mit Stalkern.

Es war eine Zeit, in der es noch deutlich mehr Tabus zu identifizieren und zu brechen galt als im digital abgeklärten und gesättigten Heute, und alles, was Frauen schrieben, automatisch als radikal und gesellschaftlich transformativ galt. Auch deshalb, weil ihre Sicht der Dinge so zuvor noch nie *dagewesen* war. Ich sollte es wissen, schließlich habe ich meine Magisterarbeit in Publizistik ausgerechnet zum „weiblichen Ich im deutschsprachigen Feuilleton" verfasst. „Professionalität und Weiblichkeitsvorstellungen", so schrieb ich damals, stünden „in einem Spannungsverhältnis, obwohl die Grenzen zwischen Privatem und Beruflichem zunehmend aufzubrechen schienen". Das Wort Feuilleton bezeichnete ursprünglich eine Beilage, die ein Viertel bis ein Drittel eines Druckbogens umfasste und in bewusst persönlicher Manier die Kleinigkeiten, ja gar „Nebensächlichkeiten des Lebens" betonte. Versuchte, ihnen „eine bewegende Seite abzugewinnen", die das Alltägliche „interessant machte".

Während sich manche Journalistinnen strikt an professionelle Standards des objektiven™ Journalismus hielten und ihre privaten Erfahrungen gänzlich aus der Berichterstattung ausklammerten, schrieben andere offen über Mutterschaft, Abtreibung, häusliche Gewalt und berufliche Herausforderungen.

Ich fand das bahnbrechend. Mutig! Selbstlos – und höchst emanzipiert. Denn diese Journalistinnen erweiterten die Agenda medialer Öffentlichkeit um sogenannte „private Themen". Erfahrungen, die in den dominanten politisch-medialen Arenen normalerweise nicht behandelt wurden. Kolumnistinnen wie Gabriele Kuhn beispielsweise, die mit ihrer Kolumne „Sex in der Freizeit" als die österreichische Kolumnistin galt, welche bei Fragen rund um Sexualität kein Blatt vor den Mund nahm. Oder Barbara Kaufmann, die über ihre Depressionen schrieb.

Schreibende Frauen wie sie waren für mich als Studentin ein Vorbild. Ich verschlang ihre Kolumnen, ich begeisterte mich für ihre öffentliche Auftritte und Lesungen. Ich war eine Nachahmerin, wenn auch auf viel kleinerem Terrain und mit weitaus weniger Offenherzigkeit, und merkte, dass ich – sobald ich etwas von mir preisgab – auch immer etwas zurückbekam. Anerkennung. Likes. Lob. Hass. E-Mails. Zurechtweisungen. Jobs. Kopfweh. Missgunst.

Ich fand es spannend, zu schreiben. Trotz allem. Mein Wunsch,

Always torn between,

becoming
mentally
ill at a
job I hate
yet
pays my
insurance

and
doing
art
that
get's
me
nowhere.

gelesen zu werden, war dabei zweitrangig. In erster Linie wollte ich mich selbst erkunden und mich durch den Beruf der Autorin, der mir bis dato völlig unbekannt war, *definieren*.

Auch, weil es etwas war, das – so dachte ich zumindest – gut zu mir als junger, frecher, selbstbewusster und meinungsstarker Frau passte. Eine Kombination, so weiß ich heute, die dafür prädestiniert war, andere bewusst oder unbewusst bis aufs Blut zu provozieren.

Dass massenmediales Publizieren Nachteile mit sich bringt, die mit den weniger sichtbaren oder verborgenen Seiten meiner Wesensart unvereinbar sind, weil sie gegen Würde, Selbstliebe und Introversion verstoßen, war mir damals nicht bewusst, als ich mich mit jedem Blogeintrag ein Stück mehr in den Dschungel der endlichen schriftstellerischen Möglichkeiten eines *Enfant terrible* katapultierte.

Erst heute, Jahre nach meinen ersten Schritten in den Journalismus, sehe ich den Zusammenhang von „confessional writing" und den Dynamiken von Social Media wie eine toxische Landkarte vor mir ausgebreitet. Das, was wir als schreibende Frauen von uns preisgeben – unsere größten Traumata, schlimmsten Sexerlebnisse und Krankheiten –, mag zwar für manche Teile der Gesellschaft einen therapeutischen Wert haben und auch dazu führen, dass Stigmata aufgebrochen werden. Und doch, auf der Kehrseite haftet dem Prozess des Öffentlichmachens von Verlagsseite trotz der oftmals guten Absichten etwas zutiefst Voyeuristisches und Kommerzielles an.

Wenn mit den schlimmsten Erfahrungen von Frauen Geld gemacht wird, inwieweit ist dieser Prozess für das Subjekt noch *empowernd*? Vor allem, wenn sie nicht an den mit ihrem Leid generierten Klicks beteiligt und mit den Kommentaren alleine gelassen wird?

Empowerment /ɛmˈpaʊəm(ə)nt/ *The process of becoming stronger and more confident, especially in controlling one's life and claiming one's rights.*

Gerade meine Generation ist damit aufgewachsen, dass es okay ist, etwas herzugeben und nichts außer digitalen Herzen, Umarmungen und Likes dafür zurückzubekommen. Ein wenig *Exposure*. Ein paar neue *Follower*.

Wir haben nicht an die Zukunft gedacht, sondern an den Moment, in dem das Dopamin steigt, weil andere ein „Toller Text! Danke fürs Sichtbarmachen" darunter posten. Wir haben nicht an den Hass in unseren Postfächern gedacht, den User wild in ihre Smartphones tippen würden. Von ihrem Arbeitsplatz oder der Toilette aus. Wir hatten nicht daran gedacht, wie es sich zuhause auf dem Sofa nach einem langen Tag anfühlen würde, ein menschlicher Katalysator für gesellschaftlichen Fortschritt zu sein.

Davon kann vor allem Lauren O'Connor ein Lied singen. Die Frau, die 2017 letztlich die Weinstein-Beschuldigungen ins Rollen brachte, weil ihre klaren Worte in Form eines internen Memos Teil des Blockbuster-Berichts der New York Times wurden. Das Internet brach daraufhin über Weinstein zusammen. So gut wie jeder Mensch mit einem starken Gerechtigkeitssinn verurteilte sein Verhalten. Ermittlungen wurden eingeleitet, immer mehr Stimmen wurden laut. Stimmen von ganz unterschiedlichen Frauen, die jetzt ihre Geschichten des Missbrauchs erzählen wollten.

I am a professional and have tried to be professional. I am not treated that way however. I am sexualized and diminished.

Originalquote aus Lauren O'Connor's Memo

2017. Sieben Jahre nach unseren ersten Schritten auf der Plattform ist Facebook voll vom Hashtag #MeToo. Ich bin skeptisch
– und schreibe nichts. Es scheint mir angesichts der Fülle von
Meldungen auch überflüssig. Meine Kolleginnen, Ex-Kommi-
litoninnen, Nachbarinnen erzählen, was ihnen in den vergangenen Jahren und Jahrzehnten angetan wurde. Sie sind eupho-
risiert von der Kraft ihrer eigenen Worte und inspiriert von den
Autorinnen, die ihnen hauptberuflich zuvorgekommen sind und
den Weg geebnet haben. Überzeugt, dass alle Dämme brechen
werden.

Wir Frauen glaubten tatsächlich für einen Moment, dass sich
jetzt etwas ändern, dass uns geglaubt würde, dass unsere Stimmen, die wir mühsamst und mit viel öffentlichem Widerstand
über die letzten Jahre kultiviert hatten, etwas in dieser Welt be-
wirken könnten.

2019. Zwei Jahre nach #MeToo schreibt die Autorin Rebecca
Traister auf „The Cut" erstmals über die Auswirkungen, die die
persönlichen Gewalterfahrungsberichte auf das Leben der Frau-
en hatten. Lauren O'Connor beispielsweise spricht über die Kosten, die dadurch entstanden, dass sie zu einer persönlichen Pro-
jektionsfläche für sozialen Wandel wurde. Über ihr verändertes
Berufsleben, ihren Verlust an Anonymität und die Angriffe auf
ihren Charakter. Darüber, wie – ironischerweise – ausgerechnet
in den zwei Jahren, in denen ihre Worte als nationales Interesse
dargestellt wurden, ihre gelebte Erfahrung des Sich-Äußerns völlig unsichtbar und unerforscht geblieben war.

Andere, weniger bekannte Frauen sprechen darüber, dass sie
ihre Häuser verkaufen mussten, um Anwaltskosten zu decken.
Auch von Namenswechseln ist die Rede.

Was das mit Social Media zu tun hat? Alles. In einer Medien-
gesellschaft, die *Vulnerability* zum Maß aller Dinge erklärt, gibt
es keine Nuancen. Entweder, du zeigst Gefühle und bist offen –
oder du giltst als gehemmte Kartoffel.

Die Frage müsste deshalb lauten: Wann verkommt *Emp-*

owerment zu *Depowerment?* Wann erleidet das Individuum, das sich online exponiert, genug Schaden, um sich darüber beklagen zu dürfen? Wann müssen Artikel wieder heruntergenommen werden, um das Recht auf Anonymität zu gewähren?

With the exception of those who were already famous movie stars and the few whose testimony riveted a nation, many who told stories, even on the record, remain largely anonymous, their names quickly forgotten – until a prospective employer Googles them, at least.

Rebecca Traister

Obwohl ich harmlose Kolumnen über Spa-Aufenthalte im brandenburgischen Tropical Island und deren Rezeption nicht mit Berichten über sexualisierte Gewalt vergleichen möchte, muss ich leider sagen: stellenweise hatten die konservativen Kritiker*innen Recht. Was einmal in diesem Internet ist, ist dort nur mit sehr viel Mühe und Geld wieder rauszubekommen. Wir können nicht darauf zählen, dass Lesende wissen, dass sie lediglich ein unvollständiges Bild der schreibenden Frau kennenlernen werden. Dass jeder Versuch, Leben zu verschriftlichen und mit einem abschließenden Fazit festzuhalten, letztlich eine gut gemeinte Lüge ist.

Oder, wie die Autorin Shannon Keating auf Buzzfeed schreibt: „Even an entire life's work – can never really tell us who a person is." Die anfängliche Euphorie, seine persönlichen Entscheidungen und deren gravierendste Folgen teilen zu können, ist für Frauen wie Keating zu einem traumatischen Endloszug verkommen, auf dem ironischerweise nicht nur Karrieren zerbrochen, sondern auch Karrieren aufgebaut worden sind – inzwischen auch auf Instagram zu beobachten.

Man denke zum Beispiel an diese eine Person aus dem Bekanntenkreis mit Borderline, der man folgt. Deren Geschichten aus der Psychiatrie man sich reinzieht beim Abendessen,

Me, thinking about all the mediocre white men who get away with their sentimental bullshit AKA deep prose about seducing younger women without ever questioning their incorporated sexism and still getting paid twice as much as we do for their so called **ART**

vielleicht auch als Versicherung darüber, dass das eigene Leben gar nicht so schlecht läuft. Außerdem, so erzählt man es dem schlechten Gewissen, verdient sie ja auch Geld damit. Hat eine Kolumne in der Brigitte. Oder Kooperationen mit therapeutischen Gewichtsdecken. Oder man denke an die eine Influencerin, die ihre Introvertiertheit mit einem professionellen Gespür für Marketing zum Kassenschlager hat avancieren lassen. Sogar mit Buchvertrag!

Dass sich persönliche Geschichten im Strudel der crossmedialen Contentverbreitung bis ins Unendliche ausschlachten lassen, sobald diese „funktionieren", hat für manche Autorinnen nichts mit der ursprünglichen Lust am Schreiben zu tun, die dadurch definiert war, Energie und Freude daraus zu ziehen, etwas Eigenes geschaffen zu haben.

Das provokanteste Narrativ der eigenen Geschichte wird so lange genutzt, bis der Markt mit Geschichten über Introversion oder Depressionen gesättigt ist. Danach ist die schreibende Frau „die mit den Depressionen", „die mit dem Krebs" oder „die mit der Angststörung". „Die, die immer über Sex schreibt und Dildos testet". „Die mit der offenen Beziehung", „Die, die vergewaltigt wurde". Und was soll eine Autorin, die davon lebt, ihr Erleben nach Geschichten abzugrasen, auch anderes tun? Als immer und immer wieder nach neuen Erkenntnissen zu suchen? Erkenntnisse, die in Form von Captions, Blogbeiträgen oder bezahlten Artikeln für Medien, die sich am Boom des „confessional writings" erfreuen oder zumindest bis vor Kurzem erfreut haben, erscheinen?

Wann, frage ich mich, fängt die Grenzüberschreitung an? Wann gerät die Autorin in eine Abwärtsspirale, deren Beginn sie in der Regel als befreiend, stark und karrierefördernd beschrieb, und deren Ende sich in der Regel durch Ausgebranntheit, kreative Schaffenspausen und Desinteresse auszeichnet? Wann passiert der Shift vom Innen ins Außen? Mit dem ersten bezahlten Artikel? Mit dem ersten viralen Facebook-Posting? Mit dem Erwachsenwerden und der Lohnarbeit? Mit dem Abschluss einer Psychotherapie? Mit dem Glauben, dass es doch immer noch besser sei, über sich selbst zu schreiben, als anderen im Café ums Eck Kuchen zu servieren? Als ob Schreiben 2020 – abgesehen von ein paar ausgewählten hundert Personen – im deutschsprachigen Raum auch nur das Geringste mit Prestige und Wohlstand zu tun hätte.

Wann haben wir aufgehört, für uns zu schreiben, um stattdessen schlichtweg einen Markt zu bedienen, der für kurze Zeit entschied, etwas für die Gleichberechtigung zu tun, indem er Frauen und ihre Schicksalsschläge exponierte? Und zwar während Männer – sofern mir bekannt – weitaus weniger durch ihre Anxiety-Tagebücher, Selfcare-Ratgeber oder ADHS-Blogs bekannt wurden. Aber das nur am Rande.

Das Private ist also nicht nur politisch, wie Simone de Beauvoir einst schrieb. Es ist *voyeuristisch*. Es ist *gefährlich*. Es stigmatisiert. Es schadet der Frau, wenn es in die falschen Köpfe gerät und nein, es bringt die Karriere auch nicht unbedingt vorwärts. Es verhilft vielleicht zu weiteren selbstexponierenden Kolumnen oder Buchverträgen über genau jene heiklen Aspekte des Zwischenmenschlichen.

Aber es führt auch zu einer Anspruchshaltung des Publikums, das stets mit neuem Content versorgt werden möchte, aus der bekannten, aus der vielleicht *kranken*, aber immer persönlichen Perspektive auf das Banale, das dem Feuilleton innewohnt.

Barring that, we've got nothing except our small attempts to retain our humanity, to act on a model of actual selfhood, one that embraces culpability, inconsistency, and insignificance. We would have to think very carefully about what we're getting from the internet, and how much we're giving in return.

Jia Tolentino

and write about my life.

"wow he's such an enfant terrible, one of a kind and an excellent writer whose artistic vision can be clearly separated from his personal life!"

Ich für meinen Teil habe damit aufgehört, massenmedial auf fremdgeführten Plattformen Einblicke in mein Leben zu gewähren, weil es mit ein wenig Abstand vielleicht für andere, aber eben nicht für mich *empowernd* war. Was habe ich als Autorin davon, wenn ich andere über die Nachteile von Dead-End-Jobs unterrichte, wenn ich hinterher doch von ihnen abhängig bin? Wo ist mein Fortschritt? Wo ist mein Learning, wenn ich stundenlang in Kommentaren darüber diskutiere, ob wir Monogamie nun aus den richtigen oder falschen Gründen als Konzept überwerfen?

Für mich war der Prozess des „Hineinschauens" oft schmerzhaft, oft gewaltsam, manchmal erzwungen. Er hatte nichts mit der Euphorie zu tun, die ich zu Beginn dieses Essays schilderte, oder spannenden Stunden vor dem Computer. Ich habe mich oft leergeschrieben und missverstanden gefühlt. Alleine und ausgebrannt. Ich habe anderen Teile von mir gegeben, die *sie* nicht verdient haben. Das Schreiben verkam von etwas, das meine Tage mit Freude und Sinn erfüllte, zu einem Blutsauger, der seine Besitzerin fest im Griff hatte. Zu einer Pflicht.

Ich glaubte, nein ich *glaube* nicht mehr daran, dass die eigenen, für die Nachwelt festgehaltenen Erfahrungen das kapitalistische System grundlegend verändern können, wenn ausgerechnet wir als Autorinnen in demselben System für Hungerlöhne arbeiten. Um das Patriarchat in die Knie zu zwingen, braucht es handlungsfähige Gewerkschaften. Linke, feministische Jurist*innen, die die Schwachstellen des Internets auch als solche benennen können. Es braucht mehr als Fame und Problemdarstellungen. Es braucht Aktion. Es braucht fair finanzierte Kollektive. Es braucht Zusammenhalt und psychologisch betreute Aufarbeitung, dort, wo Frauen isoliert werden. Unter anderem in unserem heißgeliebten Internet.

Am Ende meines Engagements für eine gerechtere Gesellschaft fragte ich mich, wann ich das letzte Mal etwas für *mich* geschrieben hatte. Nicht für ein Publikum oder die Person, die ich darzustellen glaubte. Ich konnte mich nicht erinnern.

Glitzer in deiner Unterhose

Machen wir uns nichts vor: So, wie es von jeder Popsängerin eine *slighty* weniger an den Mainstream angelehnte Kopie gibt – man denke an die frühe Avril Lavigne im Kontrast zu Britney oder heute, Halsey an der Seite von Taylor Swift –, so hat auch der brave, langhaarige Girlboss irgendwo in diesem Internet sein *edgy* Pendant. Sie trägt in der Regel eine weniger konventionelle Frisur, meist einen Pixie-Cut oder bunte Spitzen. Schreibt sich am Wochenende mit Filzstift Hashtags auf den Größe-40-Körper (#freethenipple). Postet begeistert Periodenblut im Slip und kommt sich dabei *wahnsinnig* politisch vor.

Dabei spielt die massentaugliche Popularität auch bei ihr eine riesengroße Rolle, um im *Visibility-Game* so weit vorne wie möglich mitzuspielen, das eigene Ego zu befriedigen und sich so ein vermeintlich weniger hart umkämpftes Stück vom Kuchen zu sichern.

Na, schon erzürnt? Ich weiß, ich weiß. Es ist schwierig, dieses Thema anzusprechen, da es mehr als nur eine Frage aufwirft. Zum einen, *was* in unserer Gesellschaft in *welcher* Gruppe überhaupt als *wie* radikal gilt – man denke nur an die unterschiedlichen Zielgruppen von, sagen wir, Shon Fayes Instagram-Account und geschlossenen, rechtsextremen Facebook-Gruppen.

Zum anderen, wie man als *weiße*, linke, normschlanke Frau Kritik an anderen *weißen*, auch irgendwo linken und sicherlich normschlanken Frauen äußern soll, ohne dabei als missgünstig oder gar troll-artig rüberzukommen und von der feministischen Community ausgeschlossen zu werden, in der sich alle lieb haben und bedingungslos supporten (I wish!).

Even though I'm a regular size 8 I decided to step up my role model game and get into body positivity, because guess what?

I, as a mediocre white woman, can actually post bikini pictures without getting awful comments about my non-existing cellulite and still wear normal fitting clothes while doing so. Win, win!

Wie ich überhaupt zu diesem Thema gekommen bin? Durch ~~die strunzlangweiligen Profile der Wiener-Insta-Bubble~~ einen Rant auf „The White Pube". Einem englischen Indie-Kunstkritikblog, auf dem zwei Studentinnen die *weiße*, heteronormative und privilegiendurchtränkte Kunstszene Londons auseinandernehmen.

Im Blogpost „Are White Girls Capable of Making Art Not About Themselves" verbalisiert Gabrielle de la Puente einen Eindruck meinerseits, den ich bis dahin nur als verurteilendes Bauchgefühl kannte. Zum Beispiel, wenn ich mal wieder über einen sogenannten feministischen Empowerment-Account stolperte, dessen Betreiberin im Grunde nichts anderes tat, als vermeintliche Tabu-Themen mit eigenen Geschichten der Verletzlichkeit, Nacktfotos oder blutigen Post-Tamponentfernungs-Fingern anzureichern. Und damit die Trope der vulnerablen Internetfeministin kultivierte, as if it was 2014. On *Twitter.*

69

> *Anyway, I've also painted myself with my top off, and you're not allowed to say anything except nice things about it because I am brave and that's ALL that matters.*
>
> Gabrielle de la Puente

Boom. *Hört* ihr schon die Hater? Das „kunstvolle" Oben-Ohne-Foto wäre im Journalismus übrigens etwa ein Kommentar darüber, warum es okay ist, Feministin zu sein, und sich zu schminken. Oder ein Jahr lang nicht einzukaufen. Wow. Very bahnbrechend die Armut anderer als *mindful* Lifestyle-Entscheidung zu verkaufen. Und so geht es immer und immer und immer weiter. Das oftmals privilegierte Subjekt exponiert sich und seine Banalitäten, bis ihm irgendjemand ein fettes „Bitte nicht!" hinklatscht.

Sich mit den schlimmsten Troll-Kommentaren zur eigenen Kunst auseinanderzusetzen, ist nicht unbedingt das, was Künlerinnen in ihren modernen Mid-Century-WG-Zimmern machen, nachdem sie sich die Achselhaare gefärbt, einen Undercut rasiert und Applaus von ihren 34.000 Followern für diese performative Selbstbefreiung im Photobooth-Häuschen bekommen haben.

Wer als Feministin Feministinnen kritisiert, muss damit rechnen, angegriffen und als bösartig verurteilt zu werden. Denn wir Frauen müssen schließlich unter allen Umständen zusammenhalten. Selbst, wenn wir *disagreen*. Selbst, wenn wir komplett unterschiedliche Startbedingungen hatten.

> *What I see time n time again are Girls whose entire artistic practice revolves around themselves. they might tag a < meaning > onto something at the end but more often than not it just feels like they think they look nice and so that can be their art for the day.*

Gabrielle de la Puente

Fragen, die die tatsächliche politische Haltung einer Protagonistin challengen, werden ausgeblendet. Genauso wie Kommentator*innen, die von einer offensichtlich „Ich, Ich, Ich"-schreienden Frau mehr erwarten als die mediengerechte Selbstrepräsentation in Form von weinenden Selfies und traurigen Captions, de facto nicht existenten Fettröllchen auf Polaroids und BFF-Fotos mit anderen Normschönheiten. Wenn laute Frauen konventionell-attraktiv sein müssen, damit ihnen zugehört wird: was ist das dann für eine Welt, in der wir für mehr Gerechtigkeit posten? Wann, frage ich mich, verkommt Aktivismus zur Selbstdarstellung? Wer das Selbstbild der Internet-Feministin challengt, die sich beispielsweise nicht klar gegen Abtreibungen positioniert („Jeder, wie er möchte"), wird blockiert und zur Untermauerung der eigenen, „schwierigen" Position benutzt („Ich war die letzten Tage einem Shitstorm ausgesetzt!"), auf die in der Regel ein Interview in einem Mitte-links Medium und ganz viel Mitleid folgt („Laura über Hass im Netz"). Circle closed.

Recently a bird shat on the floor
and I immediately thought of a new
lucrative business idea:
Why not start an account called
"bird shit still more interesting than
your period art" and initiate
a little crowdfunding?

Denn zum einen darf man von Frauen nichts mehr erwarten („I owe you nothing!"). Zum anderen hat die maximal selbstbestimmte Frau gelernt, ihre nicht besonders subversive und schon gar nicht subtile Form der Gesellschaftskritik vorrangig dazu zu benutzen, gemocht zu werden, Brand-Merch zu verkaufen und die Followerschaft wachsen zu lassen.

Feminismus verkommt so von einer Bewegung zu einem castingshowähnlichen Schönheits- und Popularitätscontest, in dem es erstplatzierte Königinnen gibt. Sie müssen lächeln. Sie müssen verkaufen. Sie müssen gefallen.

Eine fleißig postende Frau, die für ihre Offenbarungen öffentlich gefeiert wird – und seien diese aus mittelwesteuropäischer Perspektive noch so banal („Fries before guys" oder „Normalize periods!") –, merkt schnell, dass sich das gut anfühlt. Sie möchte weiterhin geschmeichelt werden, weil sie ihren Selbstwert durch externe Validierung aufrechterhält. Und im schlimmsten Fall von den Komplimenten zur eigenen Arbeit emotional abhängig geworden ist. Also muss sie dem Publikum weiterhin genau das liefern, was diesem gefällt, um ihren Marktwert aufrecht zu erhalten. Bekannte Sujets und Sprüche kopieren, die viele Likes bringen und in der eigenen politischen Komfortzone bleiben, um Recht zu behalten. Dabei ist jede Widerstandsgeste, die kein Risiko in sich birgt, nichts als Selbstzweck.

Ein gutes Beispiel für diese Entwicklung sind Body-Positivity-Influencerinnen. *Yes, it's all about representation* und es ist gut, dass Menschen mit Körperkomplexen oder Essstörungen auf Instagram etwas anderes präsentiert bekommen als Kylie Jenners Thigh Gaps. Trotzdem bleibt es auffällig, wie ausgerechnet Frauen der bundesdeutschen Durchschnittsgröße 40/42 diese Nische für sich entdeckt haben und damit Podiumsdiskussionen und Podcast-Einladungen an Land ziehen, als ob sie ihre gesamte Jugend im Diet-Camp verbracht hätten.

Wäre Body Positivity eine Bewegung, die *tatsächlich* etwas an der Diskriminierung von Übergewichtigen verändern würde, müssten wir nicht bereits zahlreiche croptoptragende Fat-Aktivistinnen in Filmen sehen? Müssten nicht mehr Frauen mit Größe 54+ in den Nachrichtenshows dieses Landes sitzen? Mehr „hässliche" Frauen mit Meinung?

Nein. Denn die gesellschaftlich akzeptierte „Radikalität" hält sich wie der Körperumfang einer der erfolgreichsten US-amerikanischen Body-Positivity-Vertreterinnen, Jenna Kutcher, in Grenzen (God bless her). Es gibt diese Linie, die nicht überschritten werden darf. Sonst bist du linksradikal. Zu fett. Zu bitter. Zu unbequem. Oder, anders gesagt: nicht vermarktbar. Du kannst deine blutende Vagina schon künstlerisch darstellen, aber bitte mit schillernden Rainbow-Drops – und nicht mit tatsächlichen Fotos aus dem Kreißsaal.

Anderes Beispiel: Eine kleinbusige Frau kann ihre artsy Nacktfotos ohne Backlash posten und sich dabei gleichzeitig sinnlich und *wahnsinnig* bahnbrechend vorkommen. Aber guess what: Erstens kann eine dicke Frau mit Hängebrüsten das nicht ohne Konsequenzen oder demütigende Kommentare. Und zweitens ist Nacktheit keine so aufregende Seltenheit. Wir sind alle nackt. Morgens, beim Duschen. Beim Tanzen vor dem Kleiderschrank, beim Sex, ja vielleicht auch auf der Toilette davor oder danach. Warum also etwas inzwischen Normalisiertes wieder künstlich zurück-tabuisieren? Warum all der Applaus?

Auf was ich eigentlich hinauswill: Haben *weiße*, normschöne, schlanke Frauen Probleme? Ganz bestimmt. Denken sie auch mal an andere Dinge, als sich selbst? Andere Körper, als ihre eigenen? *Not so sure.* Sie können sich von Applaus begleitet über die Zensur von weiblichen Nippeln auf Instagram ärgern und im selben Atemzug stolz ihren #smalltitsclub-Merch als Protest-Move bewerben. Als ob es von Vorteil wäre, als Frau mit großen, hängenden, auf BHs angewiesenen Brüsten im Sommer halsabwärts wie ein Ochse zu schwitzen und sich zwischendurch mit Klopapier bei McDonalds trocknen zu müssen.

Wenn Mädchen und Frauen *diese* Art von Kunst machen

und dabei denken, sie sei kritisch, dann festigen sie damit auch immer das Klischee, das sie in erster Instanz abschaffen wollten. Sie werden leibhaftig zu dem *Problem*, das sie kritisieren, und verkennen die Ursache für das wohlig-warme Gefühl der Onlinewertschätzung: *White Supremacy*. Oder wie de la Puente schreibt: „You're just instrumentalising it (white supremacy) for your own power, vanity and fame. That's embarrassing 2 me. go away."

In meinen Worten: Ich lerne nichts von Lenas und Alexandras und Marias blutigen Muschifingern. Ich lerne nichts von ihren Fotosessions mit verschmiertem Make-Up in irgendeinem Schauspielhaushinterzimmer. I can't relate.

Na? Merkt ihr schon, wie meine Beliebtheitswerte in den Keller rasseln und euch ein seltsamer Drang überfällt, mir zu entfolgen? Reminder: Solidarität verbietet keine sachliche Kritik. Sonst zwingt sie uns erneut zur Unterwerfung.

> *I feel like Villanelle when I say this: BORING. it is on us to sort ourselves out, so we better at least name it. ye it's a descriptor first but I'm glad it's also partly an insult, one we should accept and concede.*
>
> Gabrielle de la Puente

Wo endet Repräsentation, wo beginnt Redundanz? Oder, anders gefragt: Wann beginnt das Zeitalter, in dem Frauen über etwas anderes als Tampon-Steuern, Gefühle, emotionalen Missbrauch und das Überwinden der eigenen inkorporierten Minderwertigkeitskomplexe sprechen können? Sind wir nicht schon längst darüber hinweg? Können schreibende und an dieser Welt teilhabende Frauen *wirklich* heilen, wenn sie gleichzeitig geschmackvolle Vorstellungen von #healing in Photoshop entwerfen, um Likes zu generieren?

Wann sollten wir als Feministinnen aufhören, die Sphäre des als inhärent politisch geframten Privaten immer und immer weiter zu bespielen? Wann fangen wir stattdessen an, Pflanzen

Stop making art
& go
to therapy instead.

zu karikieren, Steine zu durchbohren oder Decken mit häss-
lichen Mustern zu bemalen?

> *With White Girl Art it's as though it is lagging behind
> reality, where a lot of those neuroses have already been
> dealt with in and out of the arts; we've been saved in
> so many ways [...].*
>
> Gabrielle de la Puente

Empowern wir uns durch kollektiven White-Girl-Schmerz?
Grenzen wir uns ab, entwickeln wir uns weiter – oder reprodu-
zieren wir in bekannter Like-Manier einfach immer und immer
und immer wieder dasselbe *weiße*, reaktionäre, überholte und
inzwischen gesellschaftsübergreifend akzeptierte Bild der artsy
Künstlerin, die um sich selbst kreist, statt Platz für andere zu
machen? Erschaffen wir neue Ungleichheiten?

„Es sagt viel aus", schreibt de la Puente, „dass wir als Frau-
en denken, unser Bild alleine sei etwas Besonderes und damit
bereits ‚gut genug', um als Kunst zu gelten." *Girls* werden also
weiterhin Kunst über sich selbst machen, weil sie auch die Sympathien und Aufmerksamkeit wollen. Das ganze *White Tears*
und *Fragility* Programm. Bis jemand kommt und sagt, dass sie
darüber hinwegkommen sollen.

„Solange es jemanden gefällt, warum nicht", könnte man
darauf kontern. „Den politischen *Impact* kann man schließlich
nicht messen und besser so, als gar nicht?"

Man könnte seine Privilegien als Betroffene gemeinsam mit
der eigenen Posting-Manier aber auch kritisch hinterfragen. Die
Bedeutung der eigenen Kunst *out there*, unabhängig vom Bedürfnis, akzeptiert zu werden.

Ob es wirklich das ist, was man der Welt zeigen wollte. Ein
bisschen Glitzer in der Unterhose.

Friendly Women Who Fucked Me Over

Im Erleben selbst weiß der Mensch nicht, welcher Tag, welcher Moment oder welche Situation sich später in sein Gedächtnis einprägen wird. Welchen Beigeschmack ein Gesichtsausdruck annehmen kann. Ein nachträglich interpretiertes Wort.

Als ich Elisabeth zum ersten Mal traf, hatte ich keine großen Erwartungen. Es war ein Pflichttreffen. Ich wusste inzwischen, dass die persönliche Bekanntschaft in Österreich notwendig war, um an Jobs zu kommen, und wenn ich schon zufällig in Wien war, warum sollte ich dann nicht gleich eine Kollegin treffen, die ich selbst schon seit 2014 mit mehr oder weniger großer Regelmäßigkeit las.

Es war ein Feiertag, auf den wir uns einigten. Ich hatte später noch etwas mit meiner Familie vor. Sie kam gerade aus der Bibliothek, oder hatte zumindest den Abend davor noch sehr lange in dieser verbracht und war guten Willens, nach unserem Frühstück wieder an ihren Platz zurückzukehren, um an einer Geschichte zu arbeiten.

Berufliche Kaffeetreffen sind zugegebenermaßen nicht meine Stärke. Ich fühle mich meist unwohl, und habe das Bedürfnis, wie bei einer Prüfung zu performen. Mittlerweile hatte ich mir gewisse Episoden aus meinem Leben dafür aufgehoben, sie an Menschen wie Elisabeth zu verfüttern, ohne tatsächlich Details aus meinem Leben preiszugeben. Über meine berufliche Lage, meine Beziehung, oder meinen Geisteszustand, zum Beispiel. Es waren immer dieselben Geschichten, und das machte das Ganze natürlich noch langweiliger, als es ohnehin schon war.

Wir konnten uns beide relativ lange nicht auf ein Frühstück

einigen und nahmen die dadurch entstandene Stille in Kauf. Sie bestellte dann, glaube ich, das süße Menü. Für mich gab es Eier mit Brot. Darauf schwören würde ich nicht, aber glücklicherweise war unser Mageninhalt für den Ausgang der Geschichte gänzlich irrelevant.

Was ich an Elisabeth mochte, war, dass sie – im Gegensatz zu mir – ziemlich offen über ihre schwierige Zeit in Washington, D.C. sprach, wo sie einige Jahre lebte und scheinbar ziemlich wichtige Praktika absolvierte. Es war die Zeit nach ihrem Elitestudium in England, und ich wusste sehr schnell, dass ich es mit einer Frau eines anderen Kalibers zu tun hatte.

Sie war nicht nur privilegierter als ich und stammte ziemlich sicher aus behüteten Verhältnissen, was ich meist recht schnell am Habitus erkenne, an den feinen Unterschieden der Klassenherkunft nach Bourdieu. Sie war auch fleißiger, angepasster, besser *vorbereitet* auf die Welt des Journalismus, in der es nicht nur darum ging, spannende Geschichten aufzutreiben, sondern auch den richtigen Menschen zur richtigen Zeit ein nettes Wort oder einen Retweet dazulassen.

Sie machte alles richtig. Und erinnerte mich in ihrer Unschuld an Frauen, die bereits mit 25 so aussehen und sprechen wie mit 50. Die sich nicht um Netflix, Musik, oder Tattoos scheren, sondern für die wirklich wichtigen Dinge begeistern. Für Innenpolitik, oder Vorträge am Zentrum für politische Schönheit.

Wir hatten 2014 beide bei derselben Zeitung *angefangen*, wenn man das so nennen möchte. Auf Freeelance-Basis. Die Zeitung war einst in linken Kreisen (also bei 21-jährigen Studenten und pensionierten 68ern) beliebt, und zahlte dem Renommee entsprechend unfassbar schlecht. Manchmal wartete ich drei Monate auf 100 Euro. Manchmal druckten sie das, was ich unter Zeitdruck im Urlaub geschrieben hatte, einfach nicht ab. Weil kein Platz war. Dann wurde die Geschichte so lange geschoben, bis sie irrelevant wurde. Mit 22 war mir das egal, schließlich ging es mir um die Übung, und da ich noch bei meinen Eltern lebte, musste ich keine Miete zahlen. Ich glaubte, dass die von alten Herren initiierten Grundsätze des guten Schreibens in Stein gemeißelt waren und ich nach Handbuch arbeiten müsste, wenn ich es jemals „zu etwas bringen" wollte.

Sechs Jahre später erscheint mir diese Denkweise grotesk, und auch meine eigene Motivation, für andere zu schuften, die mich nicht respektieren oder honorieren, ist verschwunden.

Nicht so bei Elisabeth. Sie hatte durchgehalten. Ihr erfolgreiches, berufliches Fortkommen saß mir nun gemeinsam mit einem Bircher Müsli gegenüber. Endlich, nach vier oder fünf Jahren Freelancerei hatte sie die heiß ersehnte Karenzstelle bekommen, die ihr ein Kollege für die Zeit seines Abgangs überlassen hatte. Nochmal zum Mitschreiben: Die beinahe 30-jährige Frau, die hier in diesem Wiener Café vor mir saß und einen Abschluss von einer Eliteuniversität hatte, freute sich über eine befristete Stelle mit einem geschätzten Bruttogehalt von 2500 Euro, deren Verlängerung sie auch mit viel Ehrgeiz nur bedingt beeinflussen konnte. Schließlich gab es schon seit Jahren keine neuen Stellen mehr.

An diesem Punkt wusste ich schon, dass es bei einem einmaligen Treffen bleiben würde, obwohl sie durchaus Humor hatte und wir das eine oder andere Mal gemeinsam laut lachen konnten. Heute weiß ich, dass Humor alleine trotzdem keine Kameradschaft ausmachen kann, wenn die gemeinsame Haltung nicht die einer reflektierten Arbeiterin ist.

Elisabeth war keine Proletarierin. Sie benutzte alberne Schimpfwörter, die ich selbst als Kind nicht verwendet hätte, weil man mich dafür auf dem Schulhof in Wien Donaustadt verprügelt hätte. Ich vermutete, dass sie noch nie in ihrem Leben gefurzt hatte. Stellte mir vor, dass sie morgens im Büro alle Eintreffenden freundlich mit „Grüß Gott die Herren" empfing und ihrem Chef jeden Wunsch von den Lippen ablas. Und so war es auch, wie ich später erfahren würde. Zumindest was ihr Verhalten im Büro betraf.

Sie war begeistert von meinen Personal Essays; ja, das sagte sie mir. Und sie würde mich gerne für eine Geschichte über Steady buchen – einer neuen Plattform aus Berlin, die es unabhängigen Medienmacherinnen wie mir ermöglicht, ein regelmäßiges Einkommen zu erwirtschaften. Versprechen konnte sie mir den Auftrag noch nicht. Dazu fehle erst noch ein Aufhänger, und das finale „Go" ihres launischen Chefs.

Als vier Wochen später ihre Mail kam, war ich ehrlicherweise nicht mehr interessiert. Ich hatte bereits aus guten Gründen aufgehört, für diese Zeitung zu schreiben, ließ mich am Ende aber doch weichklopfen. Weil ich Elisabeth persönlich kannte, und jetzt, wo es einen Grund zu berichten gab, nicht „Nein" sagen konnte. Sie sandte mir ein meiner Meinung nach relativ offen gehaltenes Briefing.

Der Artikel – und ich paraphrasiere hier inhaltlich getreu aus der E-Mail – solle das Phänomen Crowdfunding im Journalismus als Ganzes beleuchten, aufgehängt an Steady, das ja „recht erfolgreich zu sein scheint". Gleichzeitig sei Steady aber auch nicht die erste und einzige Plattform (richtig, Sherlock). Ich solle auf die Vor- und Nachteile eingehen, und ergründen, ob „die Zukunft des Journalismus im Geld erbetteln" läge. Sie sei selbst skeptisch, ob man Menschen, die gewohnt sind, etwas gratis zu bekommen, überhaupt dazu bringen könne, dieses Etwas zu bezahlen. Ich sollte am besten auch noch einen Ökonomen und eine Psychologin (oder umgekehrt) dazu befragen, und das Ganze auf maximal 5000 Zeichen liefern.

Aus heutiger Perspektive hätte ich genau zu diesem Zeitpunkt absagen sollen. Ich merkte wohl an, dass ich es für unrealistisch hielt, in einem einzigen Artikel dieser Länge (ca. eine Doppelseite) den Ursprung des Crowdfundings im Journalismus und on top auch noch Plattformen wie Patreon oder Flattr mit ihren zum Teil sehr unterschiedlichen Monetarisierungs- und Auszahlungsstrategien auf Vor- und Nachteile im Vergleich zu Steady abzuklopfen. Von dem Aufwand der Expert*inneninterviews

81

When the client demands several changes in a project seven weeks after delivery and asks you to be done before your upcoming holiday starting tomorrow.

einmal abgesehen. Ich schrieb, dass mir der Text so zu langwei-
lig sei (#badass) und die Leser*innen am Ende wohl einen ver-
wässerten Artikel erhalten, der vom Hundertsten ins Tausendste
geht, statt ein Phänomen gründlich zu beleuchten.

Es ging noch einige Male hin und her. Wir konnten uns nicht
einigen. Sie schrieb nicht, was der Text sein sollte. Nur, dass die
Leser*innen eben keine Journalisten*innen seien und sich nicht
mit der Thematik auskannten. Deshalb das Ausufern.

Sollte ich einen analytischen Kommentar schreiben? Ein Fea-
ture? Einen Second-Hand-Erfahrungsbericht, gespickt mit anderen Protagonist*innen? Mir war flau im Magen, als ich mich
an die Arbeit setzte. Da die Redaktion – wie immer, wenn sie
etwas brauchten – drängte, hatte ich ungefähr vier Tage Zeit,
den Beitrag fertigzustellen. Ich traf die Protagonist*innen. Er-
örterte so, wie verlangt, und war mit dem Ergebnis durchaus
zufrieden. Es war nicht perfekt, aber allemal gut genug für 200
Euro brutto.

Als ich den Text schließlich pünktlich per Mail lieferte, sagte
mir Elisabeth, dass der Beitrag „geschoben wird". Ich hatte mir
die Mühe gemacht und meine komplette Woche umgeworfen,
nur damit der Artikel jetzt erst nicht erscheinen sollte.

Es war der Beginn einer Abwärtsspirale. Elisabeth meldete
sich zwei Wochen lang nur spärlich, und schob die Redigaturen
am Text immer weiter hinaus. Geistig hatte ich da bereits abge-
schlossen. Als sie endlich Zeit hatte, sich an die Korrekturen zu
setzen, war es weit nach 20 Uhr. Sie sei gerade vom Podcasten
nach Hause gekommen und würde sich jetzt an den Text setzen,
schrieb sie mir auf WhatsApp. Nicht nur war es Selbstausbeu-
tung pur, was Elisabeth betrieb, ich hatte dank ihrem schlechten
Zeitmanagement auch nur noch ungefähr 20 Stunden Zeit, die
Korrekturen einzuarbeiten. Wie auch immer sie ausfallen sollten.

Als ich am nächsten Morgen meine Mails öffnete, traf mich
fast der Schlag. Sie hatte meinen kompletten Text mit pedan-
tischen Anmerkungen versehen (der komplette Rand war rot),

die sich stellenweise auch mit einer einfachen Überarbeitung ihrerseits hätten lösen können.

Aber so läuft es im österreichischen Journalismus: Die Ranghöheren oder Festangestellten dürfen mit deinem Text machen, was sie möchten. Sie haben das Sagen. Sie *wissen*, was richtig ist. Was „gut klingt", und auch, was die Leser*innen nicht verstehen. An meinem Text verstand *„der Leser"* also laut Elisabeth so ziemlich gar nichts. Ich wäre außerdem Steady gegenüber zu positiv eingestellt, da müsse mehr Kritik rein und außerdem fehle Elisabeth noch eine weitere Protagonistin. Wie ich bereits erwähnte: ich hatte etwa 20 Stunden Zeit für die Redigatur.

Ich wusste schon, dass das böse enden würde, denn ich war mit ihren Änderungen nicht einverstanden. Sie wollte, wenn wir ganz ehrlich waren, einen komplett neuen Text in weniger als einem Tag bestellen. Und *ich* war nicht bereit, ihr das zu geben.

Elisabeth schrieb zuerst, dass der Text nicht ihren internen Anforderungen entspräche, weil Lebendigkeit fehlte (wir erinnern uns an Claas Relotius). Außerdem wäre nicht klar, welche Lücke Steady füllte, das „Big Picture" sozusagen. Und nicht zu vergessen wäre „vieles unverständlich für *Leser*, die nicht so tief in dem Thema drinnen sind wie du." Am Ende schrieb sie dann, dass ich den Text auch jemand anderes anbieten könne, denn für eine online-affine Leserschaft oder ein Fachmedium passe er gut. Was denn nun? Hatte ich einen schlechten Text abgeliefert, oder hatte ich ihn nur nicht auf Grundschulniveau heruntergebrochen?

Wir einigten uns nach einer weiteren, lieblosen Korrekturschleife darauf, uns nicht zu einigen. Ich war nicht damit einverstanden, meinen Namen unter einen Kindergarten-Text zu setzen. Die Zeitung hatte eine Agenda, und sie lautete Finanzierungsmöglichkeiten für freie Journalist*innen oder unabhängige Medienmacher*innen möglichst schlecht dastehen zu lassen, oder als Bettelei abzutun. Schließlich schadet jeder unabhängige, selbstbestimmte Mensch dem System, das diese „linke Zeitung" bewusst oder unbewusst unterstützt. All das hatte nichts mit „objektivem Journalismus" zu tun, den das Blatt so gerne predigte. Aber sei's drum.

Die Veröffentlichung war mir egal. Ich wollte nur noch mein Geld haben. Und als es plötzlich genau darum ging, war Elisabeth sehr schnell raus. Sie hätte da „keine Kontrolle", ich müsse das „ihrem Chef persönlich schreiben", der natürlich wie erwartet nicht mit dem Geld rausrücken wollte. Ganz plötzlich war es vorbei mit unserer „Freundschaft". Wenn es hart auf hart kommt, hilft auch ein gemeinsam verbrachter Vormittag nichts.

Für Elisabeths Chef hatte *ich* versagt, nicht seine geliebte Untertanin. Er wolle nicht Geld für einen Artikel zahlen, den er so nicht bestellt hatte. Dabei ging es gar nicht darum! Ausfallhonorare sind in Deutschland eine Selbstverständlichkeit, während in Österreich alles daran gesetzt wird, Freie so hart wie möglich auszubeuten. Bezahlt wird nur, was gedruckt wird. Dass das einer der mächtigsten Chefredakteure des Landes nicht weiß, kann ich mir nicht vorstellen.

Obwohl ich einen Anwalt hatte, wusste ich, dass es keinen Sinn machte, für 200 Euro vor Gericht zu ziehen. Aber mit Elisabeth, mit Elisabeth hatte ich noch ein Wörtchen zu sprechen. Sie kam mir zuvor und schrieb mir eine pathetische E-Mail.

In deinem redigierten Text, den ich heute Vormittag erhielt, hast du die für mich wichtigsten Punkte nicht bearbeitet. Die Formulierungen waren zum Beispiel noch immer nicht sehr verständlich, und es gab keinen Einstieg mit der Steady-Userin. Gemeint war hier ein szenischer Einstieg; das habe ich im Redigat zwar nicht wortwörtlich so geschrieben, war für mich aber klar. Du schreibst in deiner E-mail, dass du nicht verstanden hast, warum ich will, dass sie am Anfang kommt. Ein kurzer Anruf hätte das geklärt. Es ist für mich sehr schade, dass die Zusammenarbeit nicht ge-

klappt hat. Ich lese deine persönlichen Essays gerne und bin deshalb mit dir in Kontakt getreten. Dass dieser Text nicht gelungen ist, heißt keineswegs, dass wir nicht weiterhin offen für deine Vorschläge sind. Es ist in dieser Branche völlig normal, dass manchmal Dinge schnell gehen müssen und nicht jeder geschriebene Text veröffentlicht wird. Das hat wirklich nichts mit Solidarität unter Freien zu tun.

Meine Antwort kommt gleich, zur Vollständigkeit. Denn es ging mir nicht mehr darum, ob der blöde Text erscheinen würde – sondern um die Selbstverständlichkeit, mit der Elisabeth annahm, meine Zeit und Geduld beanspruchen zu können. Sich einfach aus der Affäre zu ziehen, wenn es darum ging, meinen Forderungen nachzukommen. Für mein Honorar hatte sie sich, anders als für belanglose Mails zur Vertröstung, keine Zeit genommen.

Liebe Elisabeth,
gar kein Problem. Für mich ist das völlig in Ordnung, wenn der Text nicht kommt, ich habe keine Zeit, mich dem weiter zu widmen und möchte inhaltlich nicht weiter diskutieren, sondern jetzt lediglich ein angemessenes Ausfallhonorar einfordern. […]
Das Problem war nicht, dass der Text nicht kommt, das Problem war – und hier möchte ich das nochmal genau erklären – wie du dich mir gegenüber als Journalistin, nicht als Freundin oder Bekannte verhalten hast.
Wie du recht selbstverständlich angenommen hast, meine […] unbezahlte Arbeitszeit in Anspruch nehmen zu können, wann es dir passt – über dir selbst das Recht herausnimmst, zwei Wochen lang nichts zu machen. Macht es schon Klick oder stehen die Privilegien noch dazwischen? Mir gegen 21 Uhr E-Mails zu senden, deren Abarbeitung garantiert mehr als nur Stress verursacht und nicht in einem so kurzen Zeitraum (24 Stunden!) ordentlich erledigt werden kann.

How I dealt with unreliable people in the past: self-doubt, anger, sending disappointed What's App messages and denial.

How I deal with it now (9/10):

deleting their number silently, being unapproachable

87

and not giving af.

Wieso werde ich gestresst, wenn dann ohnehin wieder zwei Artikel dazwischen kommen? Das wäre doch alles gar nicht nötig gewesen! Wieso hast du mich nicht für ein persönliches Essay bestellt, wenn du nur das von mir magst?

Ich fand es extrem schade, wie du heute meintest, ich solle mich quasi nicht so anstellen, das gehöre „halt dazu". Ja, es gehört dazu, an Texten zu arbeiten. Aber nicht unter solchen Bedingungen. Nicht mit solch einer arroganten Attitüde. Ich hab's für dich getan. Wie gesagt, Momente wie heute sind der Grund, warum Menschen nicht mehr im Journalismus arbeiten wollen. Weil eine Hierarchie besteht, zwischen den Festen und Freien. Da gibt's genug Studien zu.

Und mein Fazit bleibt auch heute, mehr als ein Jahr nach diesem Vorfall, gleich. Am meisten bin ich immer noch über das Verhalten von anderen Frauen – in Festanstellungen, in Machtpositionen, in politischen Ämtern – enttäuscht. Von den Männern, von denen erwarte ich gar nicht so viel. Ich weiß, dass sie eventuell misogyn handeln oder antworten werden. Dass sie niemals verstehen werden, was für Kämpfe *wir* ausfechten.

Aber mit den Frauen, mit den Frauen war ich genauso wie mit Elisabeth auf einen Drink oder Kaffee. Ich habe sie (früher häufiger als heute) zumindest ein Stück weit reingelassen, um die Solidarität aufzubauen, die es benötigt, um patriarchale, kapitalistische Strukturen zu zerschlagen.

Ich habe versucht, Freundschaften zu schließen. Sympathien zu erwecken. Oder zumindest keine Brücken abzubrennen. Ich habe erwartet, dass sie für mich einstehen werden, wenn es brenzlig wird. Und wurde enttäuscht.

Ich vergaß, dass Frauen auch Mittäterinnen sind. Dass sie es sich ebenso gerne einfach machen, dass sie ihren Chefs gefallen, dass sie gelobt werden wollen. Dass sie nicht immer an kollektivem Gewinn, sondern oft nur an ihrem eigenen professionellen Fortkommen interessiert sind. Dass ihre Freundlichkeit nur solange besteht, wie ich nützlich erscheine.

Ich merke es dann, wenn sich die Frau, die mich angestellt, „gefördert" oder für sonstige Zwecke instrumentalisiert hat, nicht mehr für mich interessiert, sobald der Auftrag vorbei ist. Sie interessiert sich nicht für den Backlash nach einer Online-publikation, und nicht dafür, ob Rechnungen von der Buch-haltung überwiesen wurden. Sie ist einfach weg.

Ich war also von einer Frau *gefickt* worden. Einer Frau, die (zu-mindest für ein Jahr) festangestellt war, und sich aus der Affäre zog, als sie merkte, dass sie sich für die faire Behandlung einer Kollegin anstrengen und mit dem Boss anlegen müsste. Als ob es sie in einem Jahr nicht genauso treffen könnte. Ich habe das Geld nie bekommen. Den Kontakt habe ich konsequenterweise abgebrochen. Wer so gewissenlos und opportunistisch handelt, kann mir keine Freundin sein.

Ebenbeschriebenes Verhalten ist mir leider nicht nur einmal widerfahren. Ich kann mich auch gut an ein Telefonat mit einer Chefredakteurin erinnern, die unbedingt einen meiner provo-kantesten Texte veröffentlichen wollte, obwohl ich Angst vor den Reaktionen hatte. Ich hatte aus guten Gründen Bedenken. Bedenken, dass dieser Text meine Karriere behindern würde. Ich hatte Angst, später keine Festanstellung mehr zu bekom-men. Falls ich sie denn einmal doch brauchte.

Die Chefredakteurin wollte mir meine Bedenken mit freund-lich klingender Gewalt nehmen. Der Text sei in ihren Augen gar nicht so schlimm, den müsse man unbedingt online stellen. Ich würde schon sehen! Sicher war sie sich nur einer Sache, näm-lich, dass der Text wie eine Bombe einschlagen und die Men-schen ihn lieben würden. Und sie hatte Recht. Es war mein bisher „erfolgreichster" Artikel, wurde über 7.000 mal gelikt und über 1.000 mal geshart. Es war der Artikel, der mir einen Buchvertrag einbrachte, und ich müsste eigentlich dankbar sein und sagen, dass das alles nicht passiert wäre, hätte ich nicht auf *sie* gehört.

Dabei hätte auch alles ganz anders kommen können. Ich hatte Glück, dass ich immer schon recht genau wusste, welche Informationen über mich ich nicht draußen in diesem Internet haben wollte. Der virale Hit war kein persönliches Essay über eine spektakuläre Ungerechtigkeit. Es ging um etwas so Banales wie Arbeit. Ein Thema, das mich seit jeher begleitet. Aber stellen wir uns nur für eine Sekunde vor, ich wäre naiver gewesen. Dann hätte gefühlt ganz Deutschland über meine – erfundenes Beispiel – Daddy Issues erfahren. Ich hätte vielleicht sogar notgedrungen ein Buch darüber geschrieben.

Der Chefredakteurin ging es bei diesem Artikel also nicht um mein persönliches Wohlergehen oder unser freundschaftlich anmutendes Verhältnis. Es war ihr schlicht ein Anliegen, dass die Zahlen in diesem Monat stimmten und sie vor ihren Chefitäten mit hervorragendem Artikel-Management glänzen konnte. Dass diese Chefredakteurin selbst nie etwas von sich preisgab, auf den Podien dieses Landes tourte und sich überall, wo es ging, stolz als Feministin labelte, obwohl sie meines Wissens nie auch nur einmal einer ihrer tatsächlich schreibenden Kolleginnen ein Stück vom Prestige- und Podien-Kuchen abgeben hatte – *geschenkt*.

Ich hatte auch später noch einige Male Kontakt mit dieser Chefredakteurin. Auf Branchentreffen, zum Beispiel, auf denen man so tut, als ob Frauen gemeinsam die Welt erobern würden. Gut erinnern kann ich mich an ihr Statement auf die Frage, warum sie gerne Chefredakteurin sei: „Weil ich dann alles bestimmen kann!"

Erfahrungen wie diese haben mir also letztlich nur eines gezeigt: Nur, weil eine freundliche Frau an der Spitze steht, hat das noch gar nichts zu bedeuten. Frauen wurden genauso wie Männer in einem misogynen System sozialisiert, und nur die wenigsten sind in der Lage, es zu durchschauen und Bande mit anderen Frauen zu schließen, die über oberflächliche Win-Win-Situationen hinausgehen. Bande, die auch *dann* bestehen, wenn eine Frau nach der Geburt oder dem bewussten Wechsel in die Teilzeit beruflich schlechtergestellt ist und nicht mehr 100 % geben kann oder *will*. Man kann auch als Frau wegsehen, ausbeuten, nicht bezahlen, Rechte ignorieren oder Verantwortung negieren.

Ich persönlich fühle mich als lohnarbeitende Frau nicht immer ausreichend von „meinen Schwestern" unterstützt. Von den Promi-Feministinnen und VIP-Karrieristinnen. Es sind dieselben, die einerseits tolle Best-of-Frauen-Listen veröffentlichen und andererseits im Anschluss keine oder zu geringe Honorare zahlen, sich Vorteile verschaffen und einen Dreck auf die Arbeitsrechte anderer geben.

Ich bin frustriert darüber, wie unreflektiert Karrieristinnen oftmals in ihre Rollen hineinrutschen und verdrängen, was sie durchgemacht haben, sobald sie endlich in der Lage sind, die Hebel „Hot" or „Not" zu drücken.

Da werden E-Mails salopp beantwortet, da wird über Grenzen drübergefahren und respektlos gehandelt. Ganz so, wie es Männer auch machen.

Da werden Sätze geschrieben wie „Naja, so ist das eben" oder „Stell dich mal nicht so an". Ich frage: Habt ihr das nicht auch irgendwann mal kritisiert? Seid ihr nicht selbst einmal als junge Frau unterbuttert worden? Durch einen Mann ersetzt oder ausgeladen worden? Ist euch nie jemand über den Mund gefahren? Hattet ihr nie Angst?

Da fordern wir Monate und jahrelang Dinge wie Konsens, Respekt und *Girls-to-the-Front*. Und dann reißt sich eine vermeintliche „Ally" den *Corporate-Bullshit-Job* unter den Nagel und gut ist? Macht auszuleben – im ganz klassischen Sinne nach Weber – bedeutet jede Chance, innerhalb einer sozialen Beziehung den eigenen Willen auch gegen Widerstreben durchzusetzen, gleichviel worauf diese Chance beruht.

Macht führt dazu, dass Menschen denken, sie hätten es mehr als andere verdient, an der Spitze eines Systems zu sitzen, von

91

dem sie selbst genauso ausgebeutet werden, ohne es zu bemerken. So wie Anna. Oder Elisabeth. Oder Magdalena. Nur, dass sie jetzt die Chance haben, ein bisschen von oben mit zu tyrannisieren. Einen auf Freundin zu spielen, beim Kaffeetreff, um hinterher ein *Calling-Out* zu verhindern. Schließlich kann eine nette Frau gar nicht beruflich ungut sein. Sie ist doch eine Verbündete. Eine Schwester. Ein Vorbild. Ein Girlboss, wie Sophia Amoruso ihn erschaffen hat.

Ich wünschte, das Arbeiten als Frau mit anderen Frauen im Spätkapitalismus wäre grundsätzlich anders. Besser! Auf Augenhöhe, wie ich es auch schon zum Glück oft erleben durfte. Mit reflektierten Chefinnen, die sich Zeit für mich nehmen und meine Bedürfnisse respektieren. Transparent über Fehler aufklären, und sich nicht vor die Männer stellen, von denen sie unterdrückt werden.

Bis es flächendeckend soweit ist, bleibt nichts übrig, als jenen den Spiegel vorzuhalten, die sich in pseudo-emazipatorischer Sicherheit wiegen. Zu kündigen, wenn eins es sich erlauben kann. Brücken abzubrennen, zum eigenen Seelenwohl. Denn *Kapitalismus* kennt kein Geschlecht.

Meine Schreibblockade ist eine Kämpferin

Normalerweise würde hier wieder ein Einstieg stehen, der etwas über die Befindlichkeiten der Autorin aussagt. Sie würde weit zurückspulen in ihrem Gedächtnis und etwas universell Nachvollziehbares über die Hoffnungen hervorkramen, die sie für ihre Karriere hatte, als sie noch gerne Prosa – „nur für sich" – schrieb.

Vielleicht würde die Autorin auch eine andere Person zu Wort kommen lassen und ihr Gefühle in den Mund legen. Sagen, dass Kathrin sich ihren Job in der Social-Media-Agentur vor dem Germanistik-Studium irgendwie „anders vorgestellt hat".

Aber das hier ist kein besonders kreativer Text. Vielleicht ist er sogar durchschnittlich, Gott bewahre, sowohl inhaltlich als auch argumentativ, und kommt ohne roten Faden und Protagonist*innen aus. Er soll verdeutlichen, dass es für Kreative – egal welchen Backgrounds – wichtiger ist, bekannte Formeln zu wiederholen, als sich selbst etwas Neues auszudenken.

Dass ich diese Zeilen hier *überhaupt* schreibe, ist also ein Wunder. Denn meine Schreibblockade ist eine Kämpferin. Sie hat massivere Ursachen als fehlende Brücken im intellektuellen Verarbeitungsprozess, sie ist sozusagen eine Abwehr meines Kopfes, meines Gehirns *und* Geistes gegen die hinter der nächsten Ecke lauernden Anforderungen der Kreativindustrie, das „Beste" aus meinen Ideen zu machen. Obwohl ich auch passiv protestierend Netflix schauen oder Mario Cart spielen könnte.

Machen wir uns nichts vor: Kreativität, oder zumindest eine bestimmte Form davon, ist zum idealisierten Leitbild unserer Zeit geworden. Der moderne Mensch agiert, denkt und handelt *kreativ*. Wenn er etwas auf sich hält.

93

Er sucht stets neue Möglichkeiten, sein Leben auf kreative Weise positiv zu verändern. „*Kreative* Mitarbeiter*innen gesucht!" schreit es ihm aus Stelleninseraten auf LinkedIn entgegen. „Lass dir doch noch ein paar *kreative* Ideen einfallen", schreibt ihm morgens um 8:43 Uhr der Chef ohne genauere inhaltliche Spezifika. Auch dann, wenn er kurz vor der Kündigung steht und seine Energie eigentlich dafür braucht, vorsorglich beim Arbeitsamt anzurufen. Paradox und effizient zugleich – nur jetzt bei uns im Spätkapitalismus! Dasselbe System, das im fortschreitenden 21. Jahrhundert für Obdachlosigkeit, Prekarität und massive Lohnungleichheiten sorgt, ist paradoxerweise *exakt* jenes, das uns geschwisterlich zur permanenten Kreativität drängt, um im Leben „voran" zu kommen.

Du bist kein*e attraktive*r Arbeitnehmer*in? Versuch es doch noch einmal mit Personal Branding! Du verwendest *Word* für deinen Lebenslauf? Versuch es stattdessen lieber mit einem netten Video! Drüben bei Udemy kannst du das ganz schnell selbst lernen.

Es scheint kein Entrinnen vor dem neuen kategorischen Imperativ zu geben, der uns flexible Arbeitnehmer*innen immer und überall zur maximalen Wertschöpfung drangsaliert. Als ob ein tabellarischer Curriculum Vitae für einen niedrigen IQ stünde.

Heute kreativ zu sein bedeutet in erster Linie, seine Umwelt als eine niemals endende Ressource für den inneren Entrepreneur zu betrachten. So ist Kreativität nach dem Autor von „Against Creativity" und englischen Universitätsprofessor Oli Mould zu einer explizit neoliberalen Eigenschaft verkommen, weil sie die Prämisse befeuert, dass alles in unserer Welt in irgendeiner Form monetarisiert werden kann.

Eine hässliche Trennung steht kurz bevor? Schreibe eine kreative WG-Anzeige, um die besten Kandidat*innen herauszufiltern! Plötzlich schwanger? Zeit für einen Brand-Deal mit Pampers.

Everyone is encouraged to be creative – at work, in our personal lives, in our political activities, in the neighbourhoods in which we live, in schools, in our leisure time, in the choices we make, in what we eat every night, in how we design our CVs. We are bombarded by messages that by being creative, we will live better, more efficient and more enjoyable lives.

Oli Mould

Während dank ebenzitierten Anforderungen inzwischen jede Krankenschwester beim Blutabnehmen *kreativ* zu sein hat, profitieren von der Umsetzung dieser Forderung nur wenige wirtschaftlich.

Die unerbittliche Suche nach weiteren Ressourcen zur Ausbeutung und Akkumulierung von Reichtum zugunsten einer prozentual betrachtet kleinen Elite bedeutet, dass die *einzige* Kreativität, die dem Kapitalismus tatsächlich innewohnt, darin besteht, Alternativen zu zerstören – und sie in einen fruchtbaren und stabilen Boden für weiteres Wachstum zu verwandeln. Dabei entmutigt und demotiviert uns die Rhetorik der Kreativität aktiv, *tatsächlich* kreativ zu arbeiten. Am Arbeitsplatz kreativ zu sein verpflichtet frei nach Pablo Boczkowski „more of the same" von zeitgenössischen Formen kreativer Arbeit zu erzeugen. Eine Kopie einer Kopie einer Kopie catchiger Werbeslogans, zum Beispiel.

Man denke auch an die Flut von immer gleich klingenden Meinungsbeiträgen zu „polarisierenden" Themen und die darauffolgenden Kommentare, die mit Diskurs verwechselt werden. Oder die lästigen *#Girlboss-Sharables*, die sich Angestellte in Full-Service Agenturen für eine junge, urbane, weibliche Zielgruppe ausdenken mussten.

Schritt 1: Gegner*innen Geld bieten. Durch die Mobilisierung der Kreativen aus Werbung, Branding und Public Relations sucht der zeitgenössische Kapitalismus aktiv nach einstigen Gegner*innen und bietet ihnen Ruhm und Reichtum.

Ich esse, was meine Mitbewohner kochen. Ich bin jetzt WG-tarier.

Inseriere dein Zimmer
und finde den idealen Mitbewohner.

dada

97

Im Wesentlichen stabilisiert der Kapitalismus also jene Bewegungen (Feminismus), Menschen (Aktivist*innen) und Ideen (DIY-Barcamps), die sich außerhalb des Kapitalismus befinden, indem er sie *benennt*.

Er bringt sie in den „Mainstream", in die Online-Ticketbörsen und das breitere öffentliche Bewusstsein, um sie auf die bevorstehende Kommerzialisierung vorzubereiten. Viele Gegenbewegungen – von der Hippie-Kultur über Yoga, Punk bis hin zum Skateboarding – sind mit dem Reiz der monetären Belohnung in Verruf geraten.

Ökonomien, die radikal alternative oder gar antikapitalistische Mittel sozial organisierter Arbeit hervorbringen, werden zur Bestrafung marginalisiert, zerstört oder für einen profitablen Gewinn „neu gestaltet". Auch daran zu merken, wenn einst „unhippe" Themen wie Feminismus oder Nachhaltigkeit plötzlich in neuem Gewand daherkommen.

Capitalism's ,creative' power does not create, it appropriates.

Oli Mould

Arbeit war schon immer kreativ, aber Jahrhunderte kapitalistischer Aneignung haben den Nutzwert aller Arbeitsformen in konkrete Mittel zur Vermögensbildung gelenkt. Künstler*innen, Musiker*innen, Programmierer*innen, Schriftsteller*innen, Blogger, Bildhauer*innen, Handwerker*innen, Designer*innen, Wissenschaftler*innen und andere Mitglieder der Kreativklasse sind derzeit nur *insofern* kreativ, als dass sie neue Wege für den Kapitalismus erschließen, die Welt zu erobern.

Grafiker*innen entwerfen das, was ihnen angeschafft wird. Musiker*innen singen Jingles für Billigfleischproduzenten. Designer*innen kopieren Kleinstunternehmen für große Ketten. Und in renovierten Lofts mit Bällebad und Tischtennisplatte sollen die prekär beschäftigten Texter*innen auf Knopfdruck

Werbebotschaften für Gewalt gegen Frauen schreiben, die Preise gewinnen.

Seid ihr noch da, oder braucht es doch ein wenig Story-Telling an dieser Stelle?

Kreativität war einmal eine Kraft für den Wandel in der Welt. Als Kind konnte man froh sein, über sie zu verfügen und damit in neue Sphären zu reisen. Für Erwachsene hatte sie das Potenzial, Mitarbeiter*innen anzulocken und Ungerechtigkeiten zu bekämpfen, statt sie zu verstärken.

In ihrer derzeitigen Form muss Kreativität, so Oli Mould, von ihrer Gefangenschaft als reiner Motor für Wirtschaftswachstum gerettet werden. Denn nur die wenigsten Kreativen verspüren nach zwölf Monaten im Angestelltenrad noch etwas vom *Writer's High*.

Sie sind zu sorgfältig abarbeitenden Mitarbeiter*innen geworden. Sie produzieren jetzt *Content*.

Hashtags, Captions und PR-Statements für Auftraggeber, die für sozialen Wohnbau stehen, aber de facto keine tatsächlich freistehenden Wohnungen vergeben. Wenn die Mitarbeiter*innen an Kreativität denken, schießen ihnen keine „tollen Ideen", sondern Bilder von todeslangweiligen Meetings in den Kopf, in denen salopp gekleidete Martins versuchen, ihnen ihre überarbeiteten Visionen aufzuschwatzen, die im Wesentlichen aus stereotypen Arme-Kinder-in-Afrika-Sujets bestehen.

Creativity can be used to produce more social justice in the world, but it must be rescued from its current incarceration as purely an engine for economic growth.

Oli Mould

Die branchenübliche Verschleierung der tatsächlichen Arbeits-
realitäten ist wie ein Pflaster auf dem blutenden Knie, das ab-
fällt, sobald man sich die Hose überstreift.

Es ist nicht kreativ, ein Briefing zu öffnen. Es ist nicht kreativ,
zu brainstormen. Es ist nicht kreativ, sich Lügen auszudenken.
Es ist nicht kreativ, zu erkennen, dass die gewissenhafte Ausfüh-
rung der Arbeitsanweisung zu keiner realpolitischen Veränderung führen wird, und sei sie noch so politisch gemeint.

Dass ein Kratzen an der Oberfläche, eine kapitalismusgerech-
te Darstellung des ganz normalen Großstadtwahnsinns inklusive Wohnungsnot und Rechtsruck immer wichtiger sein wird,
als das Verändern des Status Quo.

Es fällt mir schwer, meine Schreibblockade zu beenden. Meine Gedanken in den Dienst des Kapitalismus zu stellen, um
junge Männer für Deo zu begeistern.

„Kreative" Arbeit, wie sie von uns Kreativen verlangt wird,
macht dumm. Sie macht einsam, sie macht den Kopf voll, ohne
dort etwas Positives anzuregen. Denn sie ist nur etwas wert,
wenn sie verwertet werden kann.

So werden jedes Jahr zigtausende Millionen von Ideen im
Keim erstickt, weil ihr unmittelbarer Profit für das Unternehmen nicht in direkt messbaren Ergebnissen auf eine weiße Lein-
wand projiziert werden kann. So wird Kreativität zur Schablone, zu einem leeren Spruch, zu einem beliebig reproduzierbaren
Abziehbild dessen, wofür sie einst stand.

Die Kraft, etwas Genuines aus dem Nichts zu erschaffen.

"How's it going with your book?"

"Quite decent, thanks! I'm editing flyers at a campaigning agency four days a week to not get kicked out of my second hand rental agreement while working on it later at home!"

Literaturverzeichnis

Amoruso, Sophia (2014): *Girlboss*, Redline Verlag

Amoruso (2018): *Das Girlboss Workbook. Ein interaktives Tagebuch für deine Erfolgsgeschichte*, Redline Verlag

Boczkowski, Pablo (2009): *Technology, Monitoring and Imitation in Contemporary News Work. Communication, Culture & Critique*. 2(1) pp. 39-59

Cederström, Carl; Spicer, André (2016): *Das Wellness-Syndrom: Die Glücksdoktrin und der perfekte Mensch*, edition TIAMAT

Chapin, Adele (2014): *Nasty Gal Employees Say Sophia Amoruso's a Bad GirlBoss*,
In: https://www.racked.com/2014/9/2/7578545/nasty-gal-glassdoor-reviews
(Letzter Aufruf 07.01.2020)

De la Puente, Gabrielle; Muhammad, Zarina (2019): *Are White Girls Capable of Making Art That's Not About themselves??*,
In: https://www.thewhitepube.co.uk/white-girl-art
(Letzter Aufruf 07.01.2020)

Eddo-Lodge, Reni (2019): *Warum ich nicht länger mit Weißen über Hautfarbe spreche*, Tropen Verlag Berlin

Edelstadt, David: *Frei wird sein jedes Herz und Gehirn*
zitiert aus: http://radiochiflado.blogsport.de/2011/10/31/frei-wird-sein-jedes-herz-und-gehirn-david-edelstadt-und-die-sweatshopdichter/
(Letzter Aufruf 24.04.2020)

Girlboss.com

Jankovska, Bianca (2014): *Traue niemanden, der CEO &
Founder of auf sein Erstwerk drucken lässt*,
In: https://www.groschenphilosophin.at/2014/12/traue-niemanden-der-ceo-founder-of-auf-sein-erstwerk-drucken-laesst/
(Letzter Aufruf 04.01.2020)

Jankovska, Bianca (2015): *Das weibliche Ich im deutschspra-chigen Feuilleton*, Universität Wien, Magisterarbeit

Kantor, Jodie; Twohey, Megan (2017): *Harvey Weinstein Paid
Off Sexual Harassment Accusers for Decades*,
In: https://www.nytimes.com/2017/10/05/us/harvey-weinstein-harassment-allegations.html
(Letzter Aufruf: 30.01.2020)

Keating, Shannon (2019): *Am I Writing About My Life, Or
Selling Myself Out?*,
In: https://www.buzzfeednews.com/article/shannonkeating/personal-writing-social-media-influencers-caroline-calloway
(Letzter Aufruf 07.01.2020)

Lee, Tina: *How Nastly Gal Went Bankrupt*,
In: http://www.ofleatherandlace.com/how-nasty-gal-went-bankrupt/
(Letzter Aufruf 07.01.2020)

103

Mould, Oli (2018): *Against Creativity*, Verso Books, UK

Nastygal.com

Sukale, Michael (2002): *Max Weber – Leidenschaft und Disziplin*, Mohr Siebeck**Sherman, Lauren** (2017): *Can Nasty Gal Be Saved?*,
In: https://www.businessoffashion.com/articles/intelligence/can-nasty-gal-be-saved
(Letzter Aufruf: 31.01.2020)

Tolentino, Jia (2019): *Trick Mirror. Reflections on Self-Delusion*, Harper Collins Publ. UK

Wagenknecht, Sahra (2016): *Reichtum ohne Gier*, Campus Verlag

Lightning Source UK Ltd.
Milton Keynes UK
UKHW011230170620
365157UK00004B/973